HEIMAPOTHEKE

Ein praktischer Leitfaden zu Heilpflanzen, Salben und natürlicher Lebensweise

von

Ivy Renwood

INHALTSVERZEICHNIS

EINFÜHRUNG

Ein Apotheker ist ein schmuckes Wort für eine altmodische Apotheke oder Vorratskammer, in der man früher Heilkräuter und natürliche Arzneimittel aufbewahrte. Damals wurden Apotheken von erfahrenen Kräuterkundigen und Naturheilern betrieben, die wussten, wie man Tinkturen, Salben und Tonika mit Zutaten direkt aus der Natur sorgfältig herstellte. Sie hatten damals keine synthetischen Medikamente, und ehrlich gesagt, brauchten sie sie auch nicht, denn die Natur hat für jedes Problem eine Lösung – wenn man nur weiß, wo man suchen und was man tun muss. Und in letzter Zeit haben die Leute begonnen, danach zu suchen.

Millionen Menschen haben beschlossen, die Dinge selbst in die Hand zu nehmen und ihre Medizin zu Hause herzustellen – aus gutem Grund. Schau dich um; die meisten modernen Medikamente haben mehr Nebenwirkungen als das Problem, das sie lösen sollen, und werden immer unerschwinglicher, während die Wirtschaft abstürzt. Versteh mich nicht falsch; die moderne Medizin hat ihren Platz in der Gesellschaft. Wenn du sie brauchst, bevorzugst und dir leisten kannst, nur zu. Aber auch Heilkräuter haben ihren berechtigten Platz. Die Menschheit hat den größten Teil ihrer Existenz von Kräutern gelebt. Wären sie so wirkungslos, wie manche behaupten, gäbe es heute keine Menschen mehr auf dem Planeten, oder?

Die Natur bietet immer eine Lösung, wenn man sich die Zeit nimmt, sie zu lernen und zu verstehen. Erst im letzten Jahrhundert etwa sind Menschen von Pharmazeutika abhängig geworden. Davor hatte die Natur stets die Antwort.

Dieses Buch wird dir den richtigen Start geben, um deine eigene Apotheke zu Hause aufzubauen. Du beginnst mit den Grundlagen der Kräuterkunde und gehst den ganzen Weg bis zum Anbau eigener Kräuter und der Herstellung eigener Medizin.

Sicherheit steht immer an erster Stelle, daher gibt es klare Anweisungen zur sicheren Zubereitung und Verwendung der Kräuter. Es wird nichts dem Zufall überlassen. Du wirst lernen, welche Kräuter für dich sicher sind und wie sie mit deinen Medikamenten interagieren können. Du musst kein Kräuterexperte sein, um das zu verstehen. Es hilft zwar, ist aber keine Voraussetzung. Dieses Buch ist einfach und kommt direkt zur Sache. Alles, was du brauchst, ist ein wenig Neugier und Umsicht, und schon kann es losgehen.

Zögere wie immer nicht, deinen Arzt zu konsultieren, falls nötig. Diese Wiederbelebung soll die moderne Medizin nicht abschaffen, sondern eine längst überfällige Renaissance einläuten. Die Kräuterkunde erhält endlich die Anerkennung, die sie verdient – und sie beginnt mit dir.

Teil I: Grundlagen der Kräuterheilkunde

1

VERSTÄNDNIS DER HEILPFLANZENKUNDE

Die meisten Menschen hatten ihren ersten Kontakt mit Kräuterkunde durch Oma oder Opa. Großeltern hatten für fast alles ein Heilmittel. Bauchschmerzen? Oma wusste, was zu tun war. Ein aufgeschürftes Knie oder eine Grippe? Sie hatten genau das Richtige. Sie waren regelrechte Zauberer, die mit Pflanzen Tränke brauten, die nur sie verstanden. Als Kind hast du das vielleicht nicht gewusst, aber sie waren Kräuterkundige.

Abbildung 1: Kräuterkundige verstehen die Magie der Natur zu nutzen.
Quelle: https://www.pexels.com/photo/purple-petaled-flowers-in-mortar-and-pestle-105028/

Filme haben den Leuten weisgemacht, dass es in einer Gemeinschaft nur eine*n Kräuterkundige*n geben kann, und diese*r MUSS eine mysteriöse Figur mit einem Beutel voller ebenso rätselhafter Pflanzen sein. Danke für dieses Missverständnis, Hollywood.

Kräuterkunde ist eine Praxis, die jede*r erlernen kann. Sie ist nicht auf Menschen in langen Roben oder Bewohner*innen verzauberter Wälder beschränkt. Kräuterkundig ist, wer die Natur liebt und Pflanzen zur Heilung einsetzt – Kräuterkundig ist, wer Heilpflanzenkunde praktiziert.

Die Heilpflanzenkunde ist eine Wissenschaft, bei der Pflanzen zu Arzneimitteln verarbeitet werden – kurz und bündig. Es handelt sich um die älteste Form der Medizin in der Menschheitsgeschichte, die bis vor 60.000 Jahren zurückreicht, obwohl damals niemand etwas aufzeichnete, zumindest bis die alten Sumerer es für eine gute Idee hielten, Dinge niederzuschreiben, weißt du, für die Nachwelt.

Die Geschichte der Kräuterkunde

Die dokumentierte Geschichte der Kräuterkunde begann im alten Sumer um 3000 v. Chr. im heutigen Südirak. Das alte Sumer ist eine der ältesten bekannten Zivilisationen der Geschichte und verantwortlich für viele bahnbrechende Errungenschaften, darunter einige der ersten Aufzeichnungen über Heilpflanzen.

Die Sumerer verehrten die Natur aufrichtig und glaubten, dass Pflanzen besondere Kräfte besaßen, die viele Krankheiten heilen konnten. Die meisten von ihnen waren Bauern – wohl auch, weil es damals noch kein Internet gab – aber sie verbrachten ihre Tage damit, Pflanzen zwischen den Flüssen Tigris und Euphrat anzubauen.

Sie waren ein kluges Volk und es dauerte nicht lange, bis sie bemerkten, dass bestimmte Pflanzen Schmerzen lindern oder Wunden heilen konnten. Also machten sie sich daran, verschiedene Kräuter für medizinische Zwecke zu erforschen. Ihre scharfen Beobachtungen und Erfahrungen bildeten die Grundlage der Pflanzenheilkunde, und diese Grundlage prägte viele spätere Kulturen.

Gott sei Dank liebten die Sumerer das Niederschreiben von Dingen – und ehrlich gesagt sind wir dankbar für ihre Besessenheit, Aufzeichnungen zu führen. Sie dokumentierten ihr Wissen auf Tontafeln, die mit Keilschrift versehen waren – Symbolen, die für Laute und Ideen standen. Diese Tafeln enthielten Aufzeichnungen über ihre medizinischen Praktiken und sehr detaillierte Beschreibungen verschiedener Kräuter und ihrer Anwendungen.

Unter den in diesen Aufzeichnungen erwähnten Pflanzen stechen Weide und Mohn hervor. Weiden waren in der Region weit verbreitet, und die

Sumerer entdeckten auf irgendeine Weise ihre schmerzstillenden Eigenschaften. Sie beschrieben, wie sie die Rinde der Weide für Tees oder Umschläge verwendeten, weil sie bei Schmerzen und Entzündungen half. Dies ist besonders interessant, da die moderne Medizin bestätigt hat, dass Weidenrinde Salicin enthält, eine Verbindung ähnlich wie Aspirin.

Mohn, eine weitere wichtige Pflanze in Sumer, war für seine beruhigende Wirkung bekannt. Die Sumerer verwendeten Mohnsamen und -extrakte zur Herstellung von Medikamenten gegen Angst und Schlafprobleme. Sie glaubten, dass Mohn Menschen helfen konnte, sich zu entspannen und ihren Sorgen zu entfliehen. Man mag es kaum glauben, aber dies deutete bereits auf die spätere Rolle des Mohns in der Medizin als Morphium sowie einige bekannte Rauschdrogen wie Heroin, Codein und Opium hin. Sie alle sind Derivate der Mohnpflanze.

Die Sumerer hatten zum Glück auch ein Verständnis für die Bedeutung von Zubereitung und Dosierung. Sie wussten, dass unterschiedliche Kräuter je nach Verarbeitung und Menge unterschiedliche Wirkungen hatten. Ihr Ansatz zur Kräuterkunde war recht ausgeklügelt, und dieses Erbe endete nicht mit ihrer Zivilisation.

Springen wir nun etwa 1500 v. Chr. weiter, landen wir im alten Ägypten. Die Ägypter hoben die Kräuterkunde auf eine neue Ebene. Ein wichtiger Beitrag ihrer Medizin ist der Papyrus Ebers, ein extrem detailliertes altes Dokument, das über 700 verschiedene Heilmittel und medizinische Praktiken auflistet, die die Ägypter verwendeten. Dies zeigt, welchen hohen Stellenwert pflanzliche Behandlungen in ihrem Gesundheitssystem hatten.

Die alten Ägypter waren besessen von Knoblauch. Sie glaubten, er habe schützende Eigenschaften – nicht nur für den Körper, sondern auch für den Geist. Knoblauch war DAS Kraut für Kraft und Immunität damals. Krieger aßen ihn vor dem Kampf, in dem Glauben, er würde sie sicher und stark halten.

Ein weiteres bedeutendes Gewächs für die altägyptische Medizin war Myrrhe. Myrrhe ist ein Harz, das vom Commiphora-Baum gewonnen wird. Die Ägypter nutzten es zur Wundbehandlung und gegen Infektionen. Es war auch ein Hauptbestandteil der Mumifizierung, um Leichname für das Jenseits zu konservieren. Die Ägypter waren überzeugt, dass Myrrhe den

Körper beschützte – und sie hatten recht: Myrrhe ist sowohl antibakteriell als auch antimykotisch, zwei Eigenschaften, die den Zersetzungsprozess verlangsamen.

Ägyptische Händler tauschten Knoblauch, Myrrhe und weitere Kräuter mit Menschen aus dem Mittelmeerraum und darüber hinaus. Dieser Handel füllte nicht nur ihre Kassen, sondern verbreitete auch ihr Kräuterwissen in anderen Kulturen.

Auf der anderen Seite der Erde entwickelten die Chinesen ihre ganz eigene Version der Kräuterkunde. Die chinesische Pflanzenheilkunde reicht tausende Jahre zurück, mit Belegen, dass die Chinesen bereits 2700 v. Chr. Pflanzen als Medizin nutzten. Einer der ältesten und bedeutendsten Texte dazu ist das „Huangdi Neijing" oder „Der Innere Klassiker des Gelben Kaisers". Diese Schrift aus dem 2. Jahrhundert v. Chr. erläutert ausführlich die entscheidende Bedeutung von Ausgewogenheit für die Gesundheit und wie Kräuter helfen könnten, diese wiederherzustellen.

Die chinesische Kräutermedizin unterscheidet sich von anderen Formen dadurch, dass sie nicht einfach die Krankheit behandelt. Sie heilt den ganzen Menschen. Ihr Gesundheitswesen war ganzheitlicher angelegt als das der meisten anderen Kulturen.

Auch die Inder verfolgten einen ganzheitlichen Heilansatz namens Ayurveda. Ayurveda ist unglaublich alt – über 3000 Jahre. Ähnlich wie die chinesische Medizin basiert er auf Ausgewogenheit – dem Gleichgewicht von Körper und Geist sowie ihrer Verbindung.

Nicht zu vergessen sind die Beiträge des antiken Roms und Griechenlands zur Kräuterkunde. Hippokrates, der in Griechenland zwischen 460 und 370 v. Chr. lebte, wird als Vater der Medizin bezeichnet. Er veränderte die Sichtweise der Menschen auf Gesundheit und Krankheit. Während man damals annahm, Krankheiten würden durch böse Geister oder Flüche verursacht, bot Hippokrates eine Alternative: Beobachtung und das Verständnis des Körpers. Wer hätte das gedacht?

Abbildung 2: Hippokrates. Quelle:
https://commons.wikimedia.org/wiki/File:Portrait_of_Hippocrates_from_Linden,_Magni_Hippocratis...1665_Wellcome_L0014825.jpg

Er ermutigte Ärzte, ihre Patienten genau zu beobachten und die Erkenntnisse daraus für ihre Behandlungen zu nutzen. Er war fest davon überzeugt, dass viele Krankheiten mit natürlichen Heilmitteln, insbesondere Kräutern, geheilt werden können. Dioskurides, ein weiterer griechischer Arzt, teilte diese Überzeugung. Er schrieb sogar ein Buch darüber - "De Materia Medica" -, in dem er über 600 Pflanzen und ihre Heilkräfte detailliert beschrieb. Ärzte stützten sich noch bis ins Mittelalter und die Renaissance auf sein Werk, so berühmt und wichtig war es.

Die Renaissance war schließlich die Zeit, in der die Kräuterheilkunde ihren Platz in der wissenschaftlichen Gemeinschaft fand. Botaniker und Kräuterkundige begannen, Pflanzen systematisch zu klassifizieren. Alte Kräutertexte wurden übersetzt und studiert. Das Wirken von Kräuterkundigen wie Nicholas Culpeper, der "The English Physician" veröffentlichte, machte das Wissen über Heilkräuter einer breiteren Öffentlichkeit zugänglich. Es war eine monumentale Ära für die Kräutermedizin, die bis ins 19. Jahrhundert andauerte, bis synthetische Pharmaerzeugnisse mit ihrer schnellen Wirkung und beeindruckenden Werbung die Oberhand gewannen. Die Kräuterheilkunde verschwand im Schatten der modernen Medizin und blieb ein Nischenthema, bis im 20.

Jahrhundert die potenziellen Nebenwirkungen pharmazeutischer Produkte ins Bewusstsein rückten und die Menschen begannen, nach natürlichen Alternativen zu suchen. Und hier sind wir.

Kräuterheilkunde in der Moderne

Die Nebenwirkungen von Pharmazeutika sind heute kein Geheimnis mehr. Ja, diese Medikamente können helfen, aber sie bringen auch unerwünschte Effekte mit sich – das gehört quasi zum Paket dazu. Schmerzmittel können den Magen reizen, und Antibiotika tun der Darmgesundheit und dem pH-Haushalt nicht gerade gut. Wirken sie? Absolut. Bergen sie Risiken? Ja.

Allein deshalb wenden sich immer mehr Menschen pflanzlichen Heilmitteln als sicherer Alternative zu. Kräuter wie Ingwer, Kurkuma und Kamille waren schon seit jeher die Lösung für alltägliche Beschwerden wie Entzündungen, Verdauungsprobleme und Ängste – und das hat sich auch nach Tausenden von Jahren nicht geändert. Heilkräuter sind nichts, wenn nicht beständig, und Beständigkeit schätzen die Menschen.

Die Kräuterheilkunde verfolgt zudem einen ganzheitlichen Gesundheitsansatz, betrachtet also den Menschen in seiner Gesamtheit und nicht nur seine Symptome. Das spricht viele an, die nicht nur ihre körperliche Gesundheit verbessern, sondern auch ihr psychisches und emotionales Wohlbefinden stärken möchten. Kräuterkundige empfehlen meist Lebensstiländerungen – etwa eine bessere Ernährung und mehr Ruhe – parallel zum Einsatz pflanzlicher Heilmittel. Auch moderne Ärzte raten zu Lebensstiländerungen zusätzlich zu synthetischen Medikamenten, aber der Kern dieser Pharmaprodukte ist es, Abhängigkeit zu schaffen. Lebensstiländerungen schützen nicht vor Nebenwirkungen oder Kollateralschäden. Letztlich ist es ein Geschäft – und wenn man nicht krank ist, wie sollen diese Unternehmen dann Geld verdienen? Die Kräuterheilkunde braucht keine Abhängigkeit. Die Heilmittel mögen nicht so schnell wirken wie Pharmazeutika, aber sie unterstützen sanft die natürlichen Körperprozesse, um langfristige Gesundheit zu gewährleisten.

Dank Internet und Sozialen Medien ist Wissen über Kräuterheilkunde zugänglicher denn je. Man findet leicht Informationen über Heilpflanzen und ihre Vorteile, die Herstellung von Kräuterheilmitteln und deren sichere

Anwendung. In Online-Communities und Foren tauschen Menschen Erfahrungen aus und lernen voneinander. Dieses wachsende Interesse an Kräuterheilkunde führt zu mehr wissenschaftlicher Forschung über die Wirksamkeit von Heilkräutern.Heutzutage mehr denn je werden Studien durchgeführt, um zu untersuchen, wie Pflanzen Gesundheitsprobleme beeinflussen können, und die Ergebnisse scheinen traditionelles Wissen zu bestätigen und mehr Menschen dazu zu ermutigen, pflanzliche Heilmittel in Betracht zu ziehen.

Gesundheitsdienstleister sind heute offen dafür, pflanzliche Heilmittel mit konventionellen Behandlungen zu kombinieren. Ärzte und Naturheilkundler beginnen, die Vorteile einer Kombination beider Ansätze zu erkennen, um die bestmögliche Versorgung für ihre Patienten zu bieten. Dies ist eine Zusammenarbeit, die in früheren Jahrhunderten aus Unwissenheit verachtet worden wäre, aber die Forschung ist eindeutig, und die Einstellungen ändern sich. Jetzt kann man das Beste aus beiden Welten haben, und man kann sein eigener Kräuterexperte sein.

Arten der Kräuterzubereitung

- **Aufgüsse (Kräutertees):** Aufgüsse werden hergestellt, indem Kräuter in heißes Wasser gegeben werden, ähnlich wie beim Teeaufguss. Diese Methode eignet sich am besten für die empfindlichen Teile von Pflanzen, z.B. Blätter und Blüten. Man gibt einfach die Kräuter in heißes Wasser und lässt sie einige Minuten ziehen. Die Hitze extrahiert die Aromen und wirksamen Bestandteile aus den Kräutern ins Wasser.

Abbildung 3: Kräutertees werden mit heißem Wasser aufgegossen. Quelle: https://www.pexels.com/photo/gold-kettle-pouring-hot-water-on-cup-of-tea-230477/

- **Abkochungen:** Abkochungen werden oft mit Aufgüssen verwechselt, sind aber nicht dasselbe. Abkochungen werden mit den härteren Pflanzenteilen wie Wurzeln, Samen oder Rinde zubereitet, die in kochendes Wasser gegeben und eine Weile köcheln gelassen werden. Dieser Prozess extrahiert die potenten Wirkstoffe, die schwerer aus der Pflanze zu gewinnen sind. Nach dem Kochen wird die Mischung abgeseiht und getrunken.
- **Tinkturen:** Tinkturen sind starke Lösungen, die durch Einlegen frischer Kräuter in Alkohol über Wochen entstehen. Der Alkohol wirkt wie ein Schwamm und zieht die aktiven Inhaltsstoffe aus der Pflanze. Nach der Einweichzeit wird die Flüssigkeit abgeseiht, und man erhält eine hochkonzentrierte Kräuterlösung. Tinkturen sind praktisch, da nur wenige Tropfen wirksam sind. Sie können direkt eingenommen oder mit Wasser gemischt werden. Sie sind auch leicht zu lagern und haben eine lange Haltbarkeit.
- **Kräuterextrakte:** Kräuterextrakte ähneln Tinkturen, sind aber noch konzentrierter. Tatsächlich ist jede Tinktur ein Extrakt, aber nicht jeder Extrakt ist eine Tinktur. Extrakte werden mit Essig, Glyzerin oder manchmal Alkohol als Lösungsmittel hergestellt. Dabei werden getrocknete Kräuter in die gewählte Flüssigkeit eingelegt, um die

wirksamen Bestandteile zu extrahieren. Die resultierende Lösung ist leicht einzunehmen, entweder in flüssiger Form oder als Kapseln.

- **Sirupe:** Sirupe sind eine Kombination aus Kräuterextrakten und Zucker oder Honig. Das Süßungsmittel macht sie schmackhaft, aber mehr noch, es hilft, die pflanzlichen Wirkstoffe zu konservieren. Für einen Sirup mischt man den Kräuterextrakt/die Abkochung mit einem Süßungsmittel, erwärmt es bei niedriger Hitze und bewahrt es in einer Flasche auf. Sie sind perfekt für Kinder, denen selbst die bitterste Medizin lieber ist als etwas völlig Nutzloses zu schlucken.
- **Umschläge:** Umschläge bestehen aus zerkleinerten Kräutern (frisch oder getrocknet), die mit etwas Wasser zu einer Paste vermischt werden. Diese Paste wird dann in ein atmungsaktives Tuch gewickelt und direkt auf die Haut aufgetragen. Umschläge eignen sich hervorragend für lokale Probleme wie Entzündungen, Prellungen oder Infektionen. Die Kräuter dringen durch die Haut und wirken genau dort, wo sie benötigt werden.
- **Salben:** Salben sind dicke Kräutermischungen aus Kräutern und Ölen oder Fetten wie Bienenwachs. Das Ergebnis ist eine topische Balsammasse, die man auf die Haut aufträgt.
- **Kapseln und Tabletten:** Kapseln und Tabletten sind praktische pflanzliche Arzneimittel, zumal sie an die bekannten Pharmazeutika erinnern. Dafür werden getrocknete Kräuter zu einem feinen Pulver gemahlen und dann in Gelatine eingekapselt oder zu Tabletten gepresst. Diese Methode ermöglicht eine einfache Einnahme ohne Geschmackserlebnis, was ideal für Menschen mit empfindlichem Gaumen ist. Kapseln ermöglichen eine präzise Dosierung und sind eine beliebte Wahl für beschäftigte Menschen, die dennoch den Weg der Pflanzenheilkunde gehen möchten.
- **Ätherische Öle:** Ätherische Öle sind hochkonzentrierte Pflanzenextrakte, die durch Wasserdampfdestillation oder Kaltpressung gewonnen werden, um die Duftstoffe und therapeutischen Wirkstoffe der Pflanze zu extrahieren. Man benötigt nur wenige Tropfen im Diffusor, Badewasser oder auf der Haut (natürlich verdünnt).

Abbildung 4: Ätherische Öle sind eine beliebte Anwendung natürlicher Heilkräuter. Quelle: https://www.pexels.com/photo/selective-focus-photo-of-bottle-with-cork-lid-932577/

Chemische Bestandteile von Heilkräutern

Jeder kann die Vorteile von Kräutern googeln, aber die aktiven Wirkstoffe zu kennen, die diese bewirken? Das unterscheidet die Amateure von den Experten. Kräuter wirken nicht einfach nur — sie wirken, weil sie folgende Stoffe enthalten:

- **Flüchtige Öle:** Flüchtige Öle sind die aromatischen Verbindungen, die Kräutern ihren charakteristischen Duft verleihen. Diese kleinen, aber potenten Moleküle, sogenannte Monoterpene, konzentriert in Blättern, Blüten und Stängeln, werden für die Herstellung ätherischer Öle extrahiert.
- **Phenole:** Phenole sind natürliche Verbindungen, die Pflanzen zum Schutz vor Infektionen und Schädlingen produzieren. Irgendwann entdeckte die Menschheit, dass diese antiseptische und entzündungshemmende Wirkung auf den Nutzer übergeht, weshalb sie für Schnitte und Schürfwunden eingesetzt werden. Phenole beschleunigen die Heilung. Als Antioxidantien sind sie besonders wirksam und kommen in Form von Flavonoiden, Gerbstoffen oder Salicylaten (wie in Weidenrinde) vor. Einige Phenole mindern Entzündungen, andere stärken das Immunsystem oder verbessern die

Durchblutung. Sie sind das natürliche Abwehrsystem von Pflanzen — und scheinbar auch des Menschen.

- **Gerbstoffe (Tannine):** Tannine, in fast allen Pflanzen enthalten, sind für ihre zusammenziehende (adstringierende) Wirkung bekannt. Sie verursachen das pelzige Gefühl nach starkem Schwarztee. Sie stillen Blutungen, straffen Gewebe und wirken sogar als Insektenschutz, sodass sie für Wundbehandlungen, Verdauungsbeschwerden und als natürliches Insektenschutzmittel nützlich sind. Enthalten in Eichenrinde, Zaubernuss oder Bärentraube, lassen sie in Salbenform geschwollenes Gewebe abschwellen und heilen. Innerlich helfen sie bei Durchfall, Hämorrhoiden und anderen Verdauungsproblemen, da sie die Darmschleimhaut stärken — allerdings in Maßen, denn zu viel reizt den Darm.
- **Flavonoide:** Diese Pflanzenfarbstoffe verleihen Früchten und Blüten ihre Farbe. Als starke Antioxidantien fördern sie die Durchblutung und wirken entzündungshemmend sowie antiviral. Studien geben Hinweise, dass sie chronischen Krankheiten vorbeugen, gesundes Altern fördern und möglicherweise das Gehirn vor altersbedingtem Abbau schützen.
- **Cumarine:** Diese organischen Verbindungen sind besonders vielseitig für die Gesundheit: Sie stärken die Haut, wirken blutverdünnend oder muskelentspannend. Enthalten in Steinklee, Waldmeister oder Tonkabohnen sollte man cumarinhaltige Kräuter jedoch meiden, wenn bereits Blutverdünner eingenommen werden.
- **Saponine:** Saponine schäumen wie Seife und fördern die Schleimsekretion sowie Nährstoffaufnahme. Die steroidalen Typen haben zudem hormonelle und antitumorale Effekte. Als Kräutershampoo oder Adaptogen profitieren besonders Ginseng, Süßholz oder Seifenkraut davon. Überdosierung reizt jedoch den Verdauungstrakt.
- **Alkaloide:** Diese stickstoffreichen Verbindungen bilden die Grundlage vieler Pharmazeutika. Als Schmerzmittel oder Muskelrelaxans kommen sie in Mohn, Kaffee oder Tollkirsche vor. Wie immer gilt: in Maßen unbedenklich.
- **Bitterstoffe:** Bitterstoffe aktivieren physiologische Reaktionen wie Speichelproduktion, Magensäuresekretion und Gallenfluss. Der

scharfe, unangenehme Geschmack einiger Kräuter ist zwar abschreckend, aber sehr förderlich für die Verdauungsgesundheit.

- **Proanthocyanidine:** Diese Pigmente verleihen Pflanzen wie Blaubeeren oder Granatäpfeln ihre Farbe. Sie verbessern die Durchblutung — besonders in Herz und Extremitäten — stärken Blutgefäße, mindern Entzündungen und schützen das Herz vor oxidativem Stress.

Was chemische Verbindungen angeht, ist dies ein guter Einstieg. Zwar gibt es noch zahlreiche wirksame Pflanzenstoffe, doch diese sind die geläufigsten — vermutlich, weil sie am nützlichsten und am besten erforscht sind. Als lebende Organismen produzieren Pflanzen chemische Abwehrstoffe, Pigmente und Nährstoffe für Wachstum, Fortpflanzung und Überleben — ähnlich wie wir. Glücklicherweise profitieren auch Menschen von vielen dieser Stoffe. Je mehr wir über Pflanzenchemie lernen, desto klarer wird ihr therapeutisches Potenzial. Die Wissenschaft ist eindeutiger denn je, und es gab noch nie eine bessere Zeit für Kräuterheilkunde.

2

ERSTE SCHRITTE – WERKZEUGE, MATERIALIEN UND SICHERHEIT

Jedes Handwerk hat seine Werkzeuge, und die Kräuterkunde bildet da keine Ausnahme. Wir leben im 21. Jahrhundert, und du musst deine Kräuter nicht mehr auf einem Felsblock zermahlen. Es gibt moderne Werkzeuge, die die Zubereitung, Lagerung und Anwendung von Heilkräutern vereinfachen. Deine Werkzeuge können deine Mixturen buchstäblich machen oder brechen, daher ist die richtige Auswahl wichtiger, als du denkst.

Zur Grundausstattung jedes Kräuterkundigen gehören:

- **Kräutermühle:** Eine Kräutermühle ist ein metallenes oder Kunststoff-Werkzeug mit Zähnen, um Kräuter in kleinere Partikel zu zerkleinern. Sie sind leicht erhältlich – Supermärkte und Cannabis-Dispensaries führen Mühlen in verschiedenen Größen und Ausführungen, von handbetrieben bis elektrisch. Vielleicht bevorzugst du Mörser und Stößel, aber fein gemahlene Kräuter vermischen sich besser mit Flüssigkeiten.

Abbildung 5: Eine Metall-Kräuter- und Gewürzmühle. Quelle:
https://commons.wikimedia.org/wiki/File:Spice_grinder_from_China_-_03.jpg

- **Mörser und Stößel:** Der Mörser (die Schale) und der Stößel (der Stab) sind die traditionellen Werkzeuge zum Zerkleinern und Mahlen von Kräutern. Ideal für kleine Mengen und ermöglicht die Kontrolle über den Mahlgrad. Sehr traditionell und perfekt für Puristen.

Abbildung 6: Mörser und Stößel. Quelle:
https://www.pexels.com/photo/mortar-and-pestle-with-flowers-leaves-and-seeds-scattered-around-it-4871296/

- **Trichter:** Trichter erleichtern das Umfüllen von Flüssigkeiten und Pulvern zwischen Behältern. Du denkst vielleicht, du brauchst keinen – bis du Tropfflaschen oder Gläser befüllen musst. Am besten in verschiedenen Größen besorgen, passend für jedes Gefäß.
- **Waagen:** Waagen ermöglichen präzises Abmessen von Kräutern. Die exakten Mengenverhältnisse sind entscheidend für sichere und wirksame Naturheilmittel. Selbst kleine Abweichungen können über Erfolg oder Misserfolg entscheiden. Digitale Waagen sind heute beliebt wegen ihrer Handlichkeit, aber jede Waage erfüllt ihren Zweck.
- **Schraubgläser:** Glasbehälter in verschiedenen Größen sind unverzichtbar für Lagerung und oft auch Zubereitung. Im Gegensatz zu Plastik reagiert Glas nicht mit Kräutern, wodurch deine Mittel nicht verunreinigt werden. Wiederverwendbar, umweltfreundlich und optisch ansprechend.
- **Siebtuch oder Passiertuch:** Nach der Zubereitung von Tees oder Tinkturen benötigst du ein Sieb oder Tuch zur Trennung von Flüssigkeit und Feststoffen. Siebe halten grobe Partikel zurück, während Passiertücher aus feinem Stoff auch kleinste Teilchen filtern – besonders bei größeren Mengen.
- **Braune Tropfflaschen:** Praktisch für Lagerung und Dosierung von Flüssigkeiten. Aus großen Flaschen zu tropfen ist mühsam – daher die praktischen Tropfflaschen. Braunglas schützt vor lichtbedingter Oxidation, die die Wirksamkeit beeinträchtigen würde.
- **Thermometer:** Ein Küchenthermometer hilft bei der Temperaturkontrolle. Manche Kräuter vertragen keine Hitze und verlieren ihre Wirkkraft. Die präzise Brühtemperatur ist entscheidend.
- **Notizbuch:** Ein Kräuterkundetagebuch ist unerlässlich, auch bei bestem Gedächtnis. Hier dokumentierst du Rezepte, Beobachtungen, Erfolge und Misserfolge. Für die Nachwelt – wer weiß, vielleicht liest es noch dein Ururenkel.
- **Etiketten:** Kennzeichnung vermeidet gefährliche Verwechslungen. Notiere Inhalt, Herstelldatum und Besonderheiten. Eine Frage der Sicherheit.

- **Holzlöffel:** Das Maß aller Dinge in der Kräuterküche, denn Holz reagiert nicht mit den Inhaltsstoffen. Metall und Plastik können Geschmack oder Wirkung verfälschen. Notfalls ist Silikon eine akzeptable Alternative.

Haltbarkeit und Lagerung

Die Haltbarkeit deiner Heilmittel – also der Zeitraum, in dem sie sicher und wirksam bleiben – hängt maßgeblich vom Lösungsmittel ab. Dieses bildet die Trägersubstanz für die Wirkstoffe. Jedes Lösungsmittel hat eine natürliche Haltbarkeitsgrenze, bestimmt durch das mikrobielle Wachstum (Bakterien und Schimmel). Wässrige Lösungen sind etwa anfälliger als alkoholische. Bei Ölen ist Oxidation (Reaktion mit Sauerstoff) das Hauptproblem. Richtige Lagerung verlängert die Haltbarkeit, doch Naturheilmittel sind nicht unbegrenzt haltbar. Wichtige Fakten:

Wasser

Gilt für wasserbasierte Zubereitungen wie Tees, Dekokte, aber auch Umschläge, Hydrolate und Breiauflagen. Da Wasser Bakterienwachstum begünstigt, sollten diese Mittel möglichst frisch verwendet werden. Im Kühlschrank halten Kräutertees 24 Stunden, Dekokte 48 Stunden. Kalte Kompressen (Aufguss) sind binnen 24 Stunden zu verbrauchen, abgekochte Varianten zwei Tage haltbar. Hydrolate (destillierte Kräuterwässer) bleiben – je nach Pflanze und Lagerung – 18-24 Monate stabil.

Öl

Bakterienkontamination ist bei Ölen selten, doch Ranzigwerden ist die größere Gefahr. Haltbarkeit: 6 Monate bis 3 Jahre. Frischpflanzen-Ölauszüge enthalten Wasser und sind daher anfälliger. Natürliche Antioxidantien (Vitamin E, Rosmarinextrakt) verzögern die Oxidation.

Alkohol

Alkohol hemmt Verderb und mikrobiellen Befall. Alkoholbasierte Mittel bleiben 2 Jahre wirksam, hochprozentige sogar 3-5 Jahre.

Essig

Essig konserviert durch seine Säure - ein bakterielles Todesurteil - doch essigbasierte Heilmittel sollten innerhalb von sechs Monaten aufgebraucht werden. Sie sind lagerstabil und benötigen keine Kühlung, sofern sie mindestens 5% Essig enthalten.

Heilmittel mit Süßungsmitteln

Diese Gruppe umfasst Zubereitungen mit Zucker, Honig oder Ahornsirup. Zucker hat zwar ein schlechtes Image, erweist sich aber als hochwirksames Konservierungsmittel, das toxische Mikroorganismen austrocknet, sodass sie sich nicht vermehren können. Kräuterhonig aus getrockneten Kräutern hält sich bis zu einem Jahr ohne Kühlung. Elektuarien (Kräuterpulver mit Süßungsmittel) sind im Kühlschrank 6 bis 12 Monate haltbar. Kräuterglyzerite - ebenfalls dieser Kategorie zugeordnet, da sie süß schmecken, obwohl sie keine echten Zucker enthalten - bleiben außerhalb des Kühlschranks bis zu einem Jahr stabil, sofern sie mindestens 55% Glycerin enthalten.

Trockene Heilmittel

Getrocknete Kräuter behalten ihre Wirksamkeit 1 bis 2 Jahre bei richtiger Lagerung, während gemahlene Kräuter schneller an Potenz verlieren. Aus Sicherheitsgründen sollten gemahlene Kräuter innerhalb von 6 bis 12 Monaten verbraucht werden.

Heilmittel mit gemischten Lösungsmitteln

Hierbei handelt es sich um Kombinationen aus zwei oder mehr Lösungsmitteltypen, etwa Kräutersirupe (aus Wasser und Honig), Cremes (Öl und Wasser), Oxymele (Honig und Essig) oder Elixiere (Alkohol und Honig). Die Haltbarkeit richtet sich nach den verwendeten Lösungsmitteln: Kräutersirupe im Verhältnis 2:1 (Aufguss zu Zucker) sollten nicht länger als einige Wochen im Kühlschrank aufbewahrt werden, während 1:2-Sirupe bis zu einem Jahr lagerstabil sind. Oxymele mit frischen Pflanzen sollten gekühlt innerhalb von sechs Monaten verbraucht werden, Varianten mit getrockneten Pflanzen halten ein Jahr. Elixiere bleiben 12 bis 24 Monate stabil, während Cremes und Lotionen ohne Konservierungsstoffe im Kühlschrank maximal 1 bis 2 Wochen haltbar sind.

Kräuterbeschaffung

Nun wissen Sie, wie man Kräuterheilmittel herstellt und lagert – doch ohne Kräuter kann man nichts mischen. Wie also kommt man an sie? Selbst anbauen, sammeln oder kaufen? Das ist das Dilemma jedes Kräuterkundlers. Die gute Nachricht: Es gibt keine falsche Antwort, alles hängt von Vorlieben, Ressourcen und Umständen ab.

Selbstanbau

Die meisten Kräuterkundigen bevorzugen den Eigenanbau – aus triftigen Gründen, vor allem wegen der garantierten Qualität und Wirksamkeit. Beim Selbstanbau haben Sie die volle Kontrolle über die Wachstumsbedingungen: Sie wählen Bodenbeschaffenheit, Sonnenlicht und Bewässerung selbst und können komplett auf Pestizide verzichten. Für Hobbygärtner unter den Kräuterkundigen bedeutet dieser Aufwand gesunde, 100% chemiefreie Ernten.

Abbildung 7: Ein eigener Kräutergarten bietet praktische Vorteile. Quelle: https://www.pexels.com/photo/herbs-growing-in-crate-4750311/

Abgesehen von den Anschaffungskosten ist der Eigenanbau zudem kostengünstiger. Hochwertige Kräuter kosten heutzutage ein Vermögen – da lohnt sich die eigene Produktion. Für Einsteiger ist das Experimentieren mit selbstangebauten Kräutern zudem entspannter, da sie sich keine Gedanken über die Kosten machen müssen. Du kannst frei kombinieren und ausprobieren (bewährte Rezepte mit Kräutern, die du kennst), um herauszufinden, was für dich funktioniert, ohne das schlechte Gewissen, zu viel Geld auszugeben.

Sammeln

Sammeln bedeutet, in die Natur hinauszugehen, um nach Kräutern zu suchen. Es ist eine uralte Praxis, die die Kräuterkundigen mit dem Land und einem Ökosystem verbindet, das voller Pflanzen steckt, die man nicht einfach anbauen kann oder deren Lieferung ewig dauern würde. Einige dieser Pflanzen sind ebenso potent wie uralt und stehen dort frei zur Verfügung. Das Sammeln ist einfach, muss aber richtig und mit Respekt vor Mutter Natur erfolgen. Man muss genau wissen, wonach man sucht, die Gegend gut kennen und sich der Jahreszeiten bewusst sein.

Die Pflanzen mögen kostenlos sein, aber wie gut bist du im Erkennen von Pflanzen? Einige Pflanzen haben Doppelgänger, von denen viele für Menschen giftig sind. Welche lokalen Vorschriften und Gesetze gelten für das Sammeln in dem Gebiet? Brauchst du Genehmigungen? Bist du sicher, dass die gesuchte Pflanze Saison hat? Wirst du einen Feldführer benötigen? Gibt es potenzielle Sicherheitsbedenken, die du kennen solltest? Giftige einheimische Pflanzen? Wildtiere? Bist du darauf vorbereitet, verantwortungsvoll zu sammeln und keine Spuren zu hinterlassen? Diese Fragen solltest du beantworten können, bevor du überhaupt deine Wanderschuhe anziehst. Das ist kein Einkauf im Supermarkt; die Natur ist so reichhaltig wie unberechenbar, und du musst bereit sein.

Wenn alle I's gepunktet und T's gekreuzt sind, ist das Sammeln eine der lohnendsten Methoden, um an Kräuter zu kommen, besonders wenn du nicht gerne gärtnerst oder einfach den Nervenkitzel einer guten Jagd liebst. Die Natur hat die ganze harte Arbeit erledigt, und du kannst endlich ernten, wo du nicht gesät hast. Ein Scherz auf diejenigen, die sagten, das ginge nicht.

Kaufen

Diese Option ist die bequemste, denn Kräuter gibt es in Lebensmittelgeschäften, auf Bauernmärkten und in Fachgeschäften. Das spart viel Zeit. Vielleicht bist du beschäftigt oder hast keinen Platz für einen Garten, daher ist der Kauf von Kräutern eine schnelle Lösung. Solange die Qualität erstklassig ist, gibt es nichts zu befürchten.

Frische Kräuter sollten lebendig und kräftig aussehen, während getrocknete Kräuter in luftdichten Behältern aufbewahrt werden sollten, damit sie ihr Aroma nicht verlieren.

Der Bauernmarkt ist die beste Wahl, wenn du frisch gepflückte und lokal angebaute Pflanzen möchtest. Wenn dir Herkunft und Anbaumethode egal sind, kannst du frische oder getrocknete Kräuter von jedem seriösen Händler beziehen. Es ist teurer als ein eigener Garten oder das Sammeln, aber viele sind bereit, für den Komfort zu zahlen, und für manche ist es die einzige Option. Es ist nichts falsch daran, Kräuter zu kaufen, solange sie aus verantwortungsvollen Quellen stammen.

Sicherheitstipps, die du kennen solltest

- **Verlasse deine Komfortzone nicht zu schnell:** Beginne mit Kräutern, die du bereits kennst und denen du vertraust. Wenn du Kamille oder Pfefferminze schon verwendet hast, bleib dabei, bis du dich sicher genug fühlst, neue Optionen auszuprobieren.
- **Spare nicht an Recherche:** Bevor du ein Kraut verwendest, nimm dir Zeit, um darüber zu lernen. Informiere dich über seine Vorteile, wie es im Körper wirkt und mögliche Nebenwirkungen. Dieses Wissen hilft dir, es sicher einzusetzen.
- **Fang klein an:** Wenn du ein neues Kraut ausprobierst, sind kleine Mengen der beste Weg, um zu sehen, wie dein Körper reagiert.
- **Eins nach dem anderen:** Wenn du verschiedene Kräuter ausprobieren möchtest, führe sie einzeln ein, damit du bei einer negativen Reaktion weißt, welches Kraut sie verursacht hat.
- **Prüfe Wechselwirkungen:** Das kann nicht genug betont werden. Einige Kräuter können negativ mit synthetischen Medikamenten oder anderen Kräutern interagieren. Sprich mit deinem Arzt oder einem erfahreneren Kräuterkundigen, um Risiken zu vermeiden.
- **Halte dich an empfohlene Dosierungen:** Folge immer den vorgeschlagenen Mengen für Kräuter.
- **Übertreib es nicht:** Nur weil ein Kraut sicher ist, heißt das nicht, dass du es ewig einnehmen kannst.Große Mengen können zu Problemen führen, also informieren Sie sich, wie viel zu viel ist.

- **Profis konsultieren:** Wenn Sie sich bei einer Pflanze unsicher sind, sprechen Sie mit einem Arzt oder ausgebildeten Kräuterkundigen. Diese haben mehr Erfahrung im Gesundheitsbereich.
- **Achtung bei Allergien:** Kennen Sie Ihre Allergien und vergewissern Sie sich, dass Sie nichts einnehmen, was eine Reaktion auslösen könnte. Wenn Sie beispielsweise zu Heuschnupfen neigen, sollten Sie vielleicht Kamille meiden, da sie zur Familie der Korbblütler gehört – genau wie Ambrosia, deren Pollen die Hauptursache für Allergiebeschwerden sind. Das Letzte, was Sie wollen, ist eine Immunreaktion, wenn Sie eigentlich nur einen beruhigenden Tee genießen wollten.
- **Vorsicht in der Schwangerschaft:** Wenn Sie schwanger sind oder stillen, besprechen Sie die Einnahme von pflanzlichen Heilmitteln unbedingt mit Ihrem Arzt, besonders im ersten Trimester. Manche Kräuter könnten für Sie oder Ihr Baby nicht sicher sein.
- **Sicherheit für Kinder:** Kinder benötigen geringere Dosen als Erwachsene und manche Kräuter vertragen sie überhaupt nicht. Recherchieren Sie gründlich und zögern Sie nicht, vor der Gabe von Heilkräutern an Kinder professionellen Rat einzuholen.
- **Zubereitungsmethoden kennen:** Unterschiedliche Zubereitungen (wie Tee versus Kapseln) führen zu verschiedenen Wirkstoffkonzentrationen. Passen Sie die Dosierung entsprechend der Zubereitungsart an.
- **Nicht immer selbst diagnostizieren:** Heilkräuter sollten keinen ärztlichen Rat ersetzen. Sie sind zwar sehr wirksam, aber manchmal braucht man einfach einen Arzt – und das ist völlig in Ordnung.

Allgemeine Dosierungsrichtlinien

- **Babys unter 6 Monaten:** Am besten gibt man ihnen überhaupt keine pflanzlichen Mittel, es sei denn, ein Arzt rät dazu.
- **6 bis 12 Monate:** Ein Zehntel der Erwachsenendosis verwenden. Bei 10 Tropfen für Erwachsene würde das Baby also nur 1 Tropfen bekommen.
- **1 bis 6 Jahre:** Ein Drittel der Erwachsenendosis ist angemessen. Bei 10 Tropfen wären das 3 Tropfen.

- **7 bis 12 Jahre:** Diese Altersgruppe erhält die Hälfte der Erwachsenendosis – bei 10 Tropfen also 5 Tropfen.
- **Ab 70 Jahren:** Bei Senioren ab 70 arbeitet der Stoffwechsel deutlich langsamer, daher verarbeiten sie Kräuter anders. Es wird empfohlen, etwa drei Viertel (75%) der regulären Erwachsenendosis zu nehmen. Bei 10 Tropfen wären das 7-8 Tropfen.

3

DEINE HAUSAPOTHEKE AUFBAUEN

Es gibt keine Regeln dagegen, Heilmittel auf einem Berggipfel oder im Garten des Nachbarn herzustellen – außer vielleicht Hausfriedensbruch. Aber ehrlich gesagt, die einzigen wirklichen Grenzen sind deine Vorstellungskraft. Kräuterheilmittel können überall zubereitet werden. Doch nichts schlägt einen bewusst gestalteten Raum, in dem du in Ruhe Heilmittel herstellen und deine Vorräte lagern kannst. Dieser Ort wird dein Zufluchtsort abseits des Trubels sein, wo nur du und deine Kräuter sind.

Abbildung 8: Beginne mit dem Aufbau deiner Hausapotheke. Quelle: https://www.pexels.com/photo/person-holding-white-ceramic-mug-near-white-ceramic-plate-with-stainless-steel-fork-and-bread-knife-8450125/

Keine Sorge, es gibt keine feste Formel oder strenge Blaupause für eine Apotheke. Deine kann so edel oder einfach sein, wie du möchtest, so hochwertig oder minimalistisch. Deine ideale Apotheke entspricht deiner Vorstellung, und niemand weiß besser als du, wie diese aussieht. Aber wenn du das noch nie gemacht hast, könnten ein paar Richtlinien hilfreich sein.

Organisation deines Raumes

Wähle einen Standort für deine Apotheke. Hauptsache, er gehört dir und bietet genug Platz – dann reicht er. Als Nächstes geht es um die Organisation. Ein gut organisierter Raum ist Gold wert, wenn du zehn Minuten lang nach deinem getrockneten Speerminz suchst und dann vor drei nicht beschrifteten Gläsern stehst – wobei du genau weißt, dass du auch getrocknete Pfefferminze und Wasserminze hast. Deine Apotheke sollte organisiert, funktional und nach Wunsch auch hübsch sein.

Hier einige organisatorische Tipps für den Anfang:

- **Aufbewahrungslösungen:** Welche Art von Aufbewahrung bevorzugst du? Regale sind klasse, weil sie viele Dinge fassen und sichtbar halten. Wandregale sparen Platz und sehen niedlich aus, wenn du die Dinge darauf ordentlich anordnest. Ein Schrank ist praktisch, wenn du mehr Vorräte hast. Haken sind vielseitig, falls du einen kleinen Raum optimal nutzen willst. Körbe mag jeder. Transportboxen sind ultramodern und mobil, und du kannst immer einen Schreibtisch mit Schubladen wählen.
- **Gläser und Behälter:** Klarglas eignet sich hervorragend für getrocknete Kräuter, Öle und Tinkturen. Du musst nicht immer das Etikett sehen, um zu wissen, was drin ist. Solche Gläser gibt es in Bastelgeschäften, Küchenbedarfsläden oder Supermärkten. Du kannst auch alte Gläser wiederverwenden, etwa von Nudelsaucen. Beschrifte die Behälter trotzdem. Klebeetiketten gibt es nahezu in jedem Laden. Falls nicht, suche einfach online.
- **Farbcodierung:** Falls du Zeit hast, sortiere deine Gläser nach Farben: Grün für Kräuter, Bernstein für Öle, klar für Tinkturen. Das sieht nicht nur schön aus, sondern beschleunigt auch die Suche. Falls farbige Gläser nicht drin sind, tun es auch farbige Aufkleber.
- **Bereiche einteilen:** Ordne deine Vorräte bestimmten Bereichen innerhalb deiner Apotheke zu. Ein Bereich könnte für Kräuter sein, ein anderer für Öle, ein weiterer für Werkzeuge. Es ist besser, wenn alles seinen Platz hat. Bei Platzmangel kannst du Behälter stapeln oder mehrstöckige Regale nutzen, um die Höhe optimal auszunutzen.

- **Persönliche Akzente:** Dekoriere deine Regale mit kleinen Pflanzen und lege hier und da ein paar Kristalle hin. Der Raum sollte sich wie ein zweites Zuhause anfühlen, nicht wie ein Lager.

Bestandsführung

Ein Bestandsverzeichnis ist eine Liste aller deiner Vorräte – Kräuter, Öle, Tinkturen, Alkohol und andere Zutaten für Heilmittel. Du kannst sogar alle Werkzeuge hinzufügen, aber das hat weniger Priorität. Ein genauer Bestand zeigt dir auf einen Blick, was vorhanden ist, damit dir mitten in der Zubereitung nichts ausgeht. Außerdem weißt du so rechtzeitig, wann Nachschub fällig ist, und kannst dein Budget entsprechend planen.

Die Bestandsführung ist einfach, aber ein paar Tipps schaden nie. Behalte folgendes im Kopf:

- **Gruppiere deine Vorräte:** Unterteile deinen Bestand in Kategorien – Kräuter, Öle, Tinkturen, Salben usw. – damit du weißt, wo was liegt.
- **Entscheide dich für eine Methode:** Wähle zwischen Tabellenkalkulation, App oder dem guten alten Notizbuch, um deinen Bestand zu verwalten.
- **Notiere die Details:** Schreibe für jeden Gegenstand den Namen, die Menge, das Kaufdatum und das voraussichtliche Verfallsdatum auf.
- **Überprüfe regelmäßig:** Aktualisiere dein Bestandsverzeichnis wöchentlich oder monatlich.
- **Aktualisiere nach Gebrauch:** Falls du Zutaten entnimmst, trage dies sofort ein – wenigstens, bevor du den Raum verlässt.
- **Setze Meldebestände:** Lege Mindestmengen für wichtige Zutaten fest. Du könntest zum Beispiel Essig nachkaufen, wenn nur noch ein Viertel da ist. Warte nicht, bis alles aufgebraucht ist.
- **Lagere logisch:** Richte deinen Lagerraum passend zum Bestandsverzeichnis ein – du wirst dankbar sein.
- **Beschrifte alles:** Alle Behälter sollten klar mit Namen und Erwerbs- bzw. Herstellungsdatum gekennzeichnet sein.
- **First In, First Out:** Stelle neuere Zutaten nach hinten und ältere nach vorn, um die ältesten zuerst zu verbrauchen. Sonst könnten sie ewig stehen und verderben.

- **Halte die Liste griffbereit:** Falls dein Bestandsverzeichnis nicht auf dem Handy ist, bewahre es in der Apotheke auf, damit du es nicht vergisst.
- **Plane Projekte damit:** Prüfe vor einem neuen Rezept zuerst deinen Bestand – falls etwas fehlt.
- **Mache Inventur:** Zähle deine Vorräte physisch nach, um sie mit deiner Liste abzugleichen.
- **Haltbarkeiten kennen:** Ja, noch einmal: Notiere die Haltbarkeit von Zutaten und Heilmitteln, damit du sie rechtzeitig verwendest.
- **Lege ein Backup an:** Ein Zweitexemplar deines Bestandsverzeichnisses spart Zeit und Mühe, falls das Original verloren geht.

Saisonale Rotation und Auffüllung

Dies mag zunächst nach etwas für Kräutergärtner klingen, aber wenn du in irgendeiner Weise mit Kräutern arbeitest, musst du das wissen, wenn du die besten, wirksamsten Kräuter verwenden willst. Egal, ob du sie selbst anbaust oder im Laden kaufst. Dieselbe Pflanze ist nicht in jeder Jahreszeit genau gleich.

Abbildung 9: Sei clever, wie du saisonal einkaufst. Quelle:
https://commons.wikimedia.org/wiki/File:Four_seasons_(4260985963).jpg

Dir ist klar, dass die Erde im Jahreslauf vier Jahreszeiten durchläuft. Vielleicht weißt du aber nicht, dass jede Saison ihre eigenen typischen Kräuter mit sich bringt. Die Kräuterkundigen sollten wissen, welche

Jahreszeit gerade ist und wie sie das nutzen können, was gerade SAISON hat, denn obwohl Kräuter das ganze Jahr über in Geschäften und bei Botaniklieferanten erhältlich sind, erreichen sie ihren Wirkstoffhöhepunkt in bestimmten Jahreszeiten – und es gibt buchstäblich keinen besseren Zeitpunkt, sie zu ergattern.

Frühling

Die Natur erwacht im Frühling, gleich nach dem Winter und kurz vor dem Sommer. Bäume, die durch die Kälte kahl wurden, treiben in dieser Zeit neue Blätter aus, Blumen blühen wieder, und Tiere sind endlich unterwegs. Dieser sehr wichtige Übergang beginnt etwa im März auf der Nordhalbkugel und dauert bis zum ersten Tag der Sommersonnenwende im Juni. Für die Menschen auf der Südhalbkugel ist es umgekehrt – der Frühling beginnt dort im September und endet im Dezember.

Der Frühling ist eine so farbenfrohe Jahreszeit. Wenn Sie Ihre Pflanzen selbst anbauen oder in der Nähe der Natur leben, könnte dies Ihre beste Saison sein, denn Sie werden den Übergang von der Ruhephase zum neuen Leben spüren und sehen. Bären erwachen aus dem Winterschlaf, und Vögel kehren von überall her zurück. Wenn Sie Glück haben, hören Sie sie singen, während sie ihre Nester bauen und sich auf ihre Jungen vorbereiten. Der Frühling bedeutet Wachstum und Neuanfang für die natürliche Welt – einschließlich der Pflanzen.

Viele Kräuter sprießen in dieser Saison zum ersten Mal, und Basilikum ist eines der ersten, das sich zeigt. Auch frischer Koriander, Petersilie, Brennnessel, Ringelblume, Zitronenmelisse, Fenchel, Thymian und Löwenzahn sind jetzt reichlich vorhanden, um nur einige zu nennen. Der Frühling ist Ihre Chance, das zu nutzen, was die Natur als Erstes hervorbringt, und zu konservieren, was Sie für andere Jahreszeiten aufbewahren können.

Sommer

Der Sommer folgt als nächste Jahreszeit auf den Frühling. Er ist auch die wärmste Zeit des Jahres und dauert auf der Nordhalbkugel von Juni bis September und auf der Südhalbkugel von Dezember bis März. Die Tage sind lang, und die Sonne scheint so hell, wie sie warm ist. Kräuterkundige freuen sich auf den Sommer und seine wärmeliebende Fülle. Sie werden erfreut sein zu hören, dass Basilikum im Sommer in voller Pracht zurückkehrt – wenn Sie es also im Frühling verpasst haben, ist jetzt noch Gelegenheit. Und es ist nicht nur Basilikum: Auch Petersilie, Koriander, Thymian und Rosmarin bleiben vom Frühling bis in den Sommer hinein frisch.

Die Tinkturen, die Sie im Frühling nicht hergestellt haben, können Sie jetzt zubereiten, denn obwohl einige von ihnen nächste Saison noch verfügbar sein mögen, werden sie nicht mehr so frisch sein wie jetzt bis zum nächsten Frühling oder Sommer. Manchen Kräuterkundigen macht das nichts aus, anderen schon. Und für die Kräuter, die bis zur nächsten Saison ganz verschwinden, besteht immer die Möglichkeit, sie jetzt zu dehydrieren und einzulagern. Schauen Sie auf dem Bauernmarkt nach, welche Pflanzen gerade Saison haben. Wenn Sie zu den Kräutergärtnern gehören, gibt es im Sommer reichlich zu ernten. Profi-Tipp: Pflücken Sie Ihre Kräuter am Morgen. Dann sind die ätherischen Öle am stärksten konzentriert und verdunsten meist bis zum Mittag. Sie sind danach immer noch wirksam, aber unvergleichlich besser, wenn Sie sie vor der Sonne ernten.

Herbst

Sie merken, dass der Herbst beginnt, wenn sich die Blätter verfärben. Bäume, die im Frühling grün erwacht sind, werden rot, gelb oder orange. Die Natur bereitet sich auf einen weiteren langen Winterschlaf vor, und das geschieht auf der Nordhalbkugel etwa im September und dauert bis Dezember. Auf der Südhalbkugel beginnt diese Phase im März und endet im Juni.

Das Wetter hat sich so weit abgekühlt, dass einige Kräuter blühen, während andere welken. Der Herbst ist die Jahreszeit für Baldrianwurzel, Klettenwurzel, Kurkuma, Süßholzwurzel und Marshmallowwurzel, um nur einige zu nennen. Nein, im Herbst finden Sie nicht nur Wurzeln, sondern auch Blattgemüse – aber dies ist die Zeit, in der Pflanzen ihre gesamte Energie in den Aufbau kräftiger Wurzelsysteme stecken, bevor der Winter kommt. Folglich können im Herbst viele medizinisch wertvolle Wurzeln geerntet werden.

Winter

Auf der Nordhalbkugel dauert der Winter von Dezember bis März und auf der Südhalbkugel von Juni bis September. Die Natur macht in dieser Zeit Pause, und viele Pflanzen gehen in die Ruhephase. In den kälteren Monaten sind frische Kräuter schwerer zu bekommen – dann werden Ihnen all die Kräuter, die Sie dehydriert und gelagert haben, sowie die Sirupe und Tinkturen, die Sie früher im Jahr zubereitet haben, gute Dienste leisten. Kräutergärtner haben möglicherweise das Glück, auch im Winter noch frischen Pflanzenbestand zu haben, und es gibt immer noch Kräuter zu kaufen. Weniger frisch und nicht im Überfluss, aber Sie werden sie finden. Der Winter geht schnell genug vorbei, dann kommt wieder der Frühling – und der Kreislauf beginnt von Neuem.

Teil II: Hauptkräuter und ihre Anwendungen

4
11 ESSENZIELLE KRÄUTER FÜR JEDEN HAUSHALT

Basilikum (Ocimum basilicum)

Abbildung 10: Basilikum. Quelle: https://www.pexels.com/photo/green-leaf-plant-40720/

Beschreibung: Basilikum ist ursprünglich in tropischen Gebieten Asiens beheimatet, wird aber heutzutage weltweit angebaut. Die Pflanze ist einjährig, das heißt, sie lebt nur eine Wachstumssaison, kann dabei jedoch bis zu 60 cm hoch werden und produziert grüne Blätter mit einem leicht pfeffrigen Duft. Einige Sorten haben violette oder rote Blätter, aber alle weisen den charakteristischen Basilikumgeruch und -geschmack auf.

Eigenschaften: Antioxidativ, antibakteriell, entzündungshemmend, krampflösend, antimykotisch, schmerzstillend und harntreibend.

Vorteile: Fördert die Verdauung, lindert Magenkrämpfe, stabilisiert niedrigen Blutzucker, behandelt Übelkeit und hilft gegen Kopfschmerzen. Einige Sorten haben auch vielversprechende Ergebnisse als Antidepressiva gezeigt.

Häufige Verwendung: Zum Kochen (z.B. in Salaten und Saucen), für Kräutertees, Pulver, Ölauszüge und Hautsalben.

Verwendete Teile: Frische oder getrocknete Blätter und Blüten.

Vorsicht: Basilikum ist für die meisten Menschen unbedenklich, aber Schwangere sollten bei großen Mengen vorsichtig sein. Wenn Sie Blutverdünner einnehmen, sprechen Sie vor der Verwendung von Basilikum mit Ihrem Arzt, da es die Wirkung dieser Medikamente beeinflussen kann.

Pfefferminze (Mentha × Piperita)

Abbildung 11: Pfefferminze. Quelle:
https://www.flickr.com/photos/tillwe/32971462

Beschreibung: Pfefferminze ist eher eine Hybride, eine Kreuzung aus Grüner Minze und Wasserminze. Die Blätter sind dunkelgrün mit roten Adern, und wenn man sie reibt, sollten sie nach Menthol riechen, da sie den höchsten Mentholgehalt unter allen Minzsorten aufweisen. Wenn Sie keinen starken Mentholgeruch wahrnehmen, handelt es sich sicher nicht um Pfefferminze.

Eigenschaften: Krampflösend, antimikrobiell, schmerzstillend und antiseptisch

Vorteile: Lindert Verdauungsbeschwerden (Blähungen und Völlegefühl), behandelt Ekzeme, verringert Übelkeit, lindert Spannungskopfschmerzen und Magenschmerzen und beruhigt empfindliche Haut.

Häufige Verwendung: Kräutertees, zum Kochen, ätherische Öle und Hautsalben.

Verwendete Teile: Blätter und Blüten.

Vorsicht: Pfefferminze ist sicher, aber bei manchen Menschen kann sie Sodbrennen verursachen, besonders bei empfindlichem Magen. Geben Sie sie außerdem nicht an sehr kleine Kinder, da sie für sie zu stark sein könnte.

Ingwer (Zingiber officinale)

Abbildung 12: Ingwer. Quelle: https://www.pexels.com/photo/fresh-ginger-roots-and-powder-161556/

Beschreibung: Überlieferungen zufolge aß Konfuzius zu jeder Mahlzeit Ingwer. Dieser Mann war der Weise der chinesischen Weisen, also dachten die Leute natürlich, dass er mit diesem Kraut wohl etwas Besonderes entdeckt hatte. Und das hatte er auch. Es gibt einen Grund, warum Ingwer in fast jedes Küchenrezept weltweit Einzug gehalten hat. Er ist scharf, zitronig und wärmend, aber vor allem ist er eines der besten Dinge, die Sie für Ihre Gesundheit tun können.

Eigenschaften: Entzündungshemmend, antioxidativ, antiviral und allgemein anregend.

Vorteile: Lindert Übelkeit (vor allem morgendliche Übelkeit, regt die Verdauung an, fördert die Eisenaufnahme, verbessert die Durchblutung, lindert Atemwegsbeschwerden, reduziert systemische Entzündungen und lindert Muskelschmerzen.

Häufige Verwendung: Frisch oder getrocknet zum Kochen, in Kräutertees, Tinkturen und Kapseln.

Verwendete Teile: Rhizom (Wurzel).

Vorsicht: Ingwer ist für die meisten Menschen unbedenklich, aber wenn Sie blutverdünnende Medikamente einnehmen, sollten Sie vorher mit Ihrem Arzt sprechen. Schwangere können Ingwer in Maßen genießen, aber zu viel könnte Sodbrennen verursachen.

Eukalyptus (Eucalyptus spp.)

Abbildung 13: Eukalyptusblätter. Quelle: https://www.pexels.com/photo/close-up-shot-of-eucalyptus-leaves-6168147/

Beschreibung: Wenn Sie ein Eukalyptusblatt zerdrücken, werden Sie fast sofort von einem Mentholgeruch getroffen, und dieser Geruch reicht vollkommen aus, um Ihre Atemwege zu befreien und Ihre Nerven zu beruhigen.

Eigenschaften: Antimikrobiell, abschwellend und entzündungshemmend.

Vorteile: Lindert Husten, befreit die Nasengänge, entspannt schmerzende Muskeln und kann Fieber senken.

Häufige Verwendung: Ätherisches Öl, Dampfinhalation, Kräutertee und Ölauszug.

Verwendete Teile: Blätter.

Vorsicht: Eukalyptusöl sollte nie eingenommen werden, bereiten Sie stattdessen einen Tee aus den Blättern zu. Kinder und Schwangere sollten es nur in kleinen Mengen verwenden.

Kamille (Matricaria chamomilla)

Abbildung 14: Kamillenblüten. Quelle: https://www.pexels.com/photo/chamomile-flower/8753607/

Beschreibung: Kamille ist eine so sanfte Blume. Selbst der Name klingt sanft. Als stolzes Mitglied der Familie der Korbblütler ist dieses Kraut einer der beliebtesten Tees vor dem Schlafengehen, weil es genauso gut schmeckt wie es riecht. Die alten Ägypter gehörten zu den Ersten, die entdeckten, dass Kamille nicht nur schön anzusehen ist, und schon bald erkannten auch die Griechen und Römer ihre Wirkung.

Eigenschaften: Entzündungshemmend, beruhigend und krampflösend.

Vorteile: Reduziert Ängste, hilft beim Einschlafen, behandelt Verdauungsprobleme und fördert die Hautregeneration.

Häufige Verwendung: Kräutertee, Tinkturen, ätherisches Öl und Cremes.

Verwendete Teile: Frische oder getrocknete Blüten.

Vorsicht: Kamille ist nicht sicher für Sie, wenn Sie auf ähnliche Pflanzen wie Gänseblümchen oder Ragweed allergisch sind. Vermeiden Sie sie, wenn Sie kein Risiko einer Immunreaktion eingehen möchten. Nehmen Sie Kamille auch nicht, wenn Sie Verhütungsmittel, Östrogenmedikamente oder Beruhigungsmittel einnehmen.

Thymian (Thymus vulgaris)

Abbildung 15: Thymian. Quelle:
https://commons.wikimedia.org/wiki/File:Thyme.jpg

Beschreibung: Thymian hat fast genauso viel Geschichte wie seinen sehr geschätzten Geschmack. Er stammt ursprünglich aus dem Mittelmeerraum, aber irgendwie bekamen ihn die alten Ägypter in die Hände und nutzten ihn zur Einbalsamierung ihrer Toten. Die alten Griechen glaubten, er mache mutig, also benutzten sie ihn zum Kochen und gaben ihn sogar in ihr Badewasser. Im 19. Jahrhundert wurden Bandagen in Thymianwasser getränkt, weil die Krankenschwestern die Ausbreitung von Infektionen kontrollieren mussten. Die moderne Wissenschaft hat jetzt Beweise für die vielen medizinischen Eigenschaften des Thymians, aber sie ist ein bisschen spät dran.

Eigenschaften: Antibakteriell, antiseptisch, antioxidativ, schleimlösend und blutverdünnend.

Vorteile: Behandelt Atemwegserkrankungen, einschließlich Asthma-Symptomen, behandelt bakterielle Infektionen, stärkt das Immunsystem und tötet innere Würmer ab.

Verwendung: Würzmittel, Kräutertees, ätherisches Öl und Rachensprays.

Verwendete Teile: Blätter und Blüten.

Vorsicht: Thymian sollte vor Operationen vermieden werden, da er zwar mild, aber blutverdünnend wirkt. Für die Heilung ist die Blutgerinnung notwendig, und Thymian würde diesen Prozess verlangsamen.

Lavendel (Lavandula spp.)

Abbildung 16: Lavendel. Quelle: https://commons.wikimedia.org/wiki/File:Lavender_Flower_Closeup_2.jpg

Beschreibung: Lavendel gehört zu den wenigen Kräutern, die alles vereinen: Schönheit, betörenden Duft und vielfältige Funktionen. Wie sich zeigte, fand man 1922 Lavendel in Tutanchamuns Grab - nach 3000 Jahren hatte er seinen Duft noch nicht verloren. Kein Wunder, dass Königin Elisabeth I. ihn als Parfüm verwendete.

Eigenschaften: Antidepressiv, antimikrobiell, angstlösend, neuroprotektiv und antiseptisch.

Vorteile: Lindert Ängste, wirkt beruhigend, schützt Wunden vor Infektionen und reduziert Hautirritationen, einschließlich Insektenstichen.

Verwendung: Ätherisches Öl, Aromastoff, Kräutertee, Badezusätze und natürliches Insektenschutzmittel.

Verwendete Teile: Blüten.

Vorsicht: Lavendelöl sollte unabhängig vom Alter sparsam verwendet werden. Außerdem sollte man sich zwischen synthetischen Beruhigungsmitteln oder Lavendel entscheiden, denn die Kombination könnte zu Überdosierung und extremer Schläfrigkeit führen. Lavendel enthält auch Phytoöstrogene und sollte daher nicht an Jungen vor der Pubertät verabreicht werden, da er Gynäkomastie (Brustwachstum) auslösen könnte.

Knoblauch (Allium sativum)

Abbildung 17: Knoblauch. Quelle: https://www.pexels.com/photo/garlic-and-cloves-on-white-surface-4022126/

Beschreibung: Nur Knoblauch darf so streng riechen und wird dennoch weltweit geliebt. Er hat seinen Platz in Küchen überall, und seien wir ehrlich, der Geruch gehört einfach dazu. Manche lieben ihn sogar. Die alten Ägypter verwendeten ihn für die Mumifizierung, und auch in Tutanchamuns Grab fand man Knoblauch. Die Menschheit nutzt Knoblauch seit über 6500 Jahren, und das wird so schnell nicht aufhören.

Eigenschaften: Antioxidativ, entzündungshemmend, antibakteriell und antidiabetisch.

Vorteile: Fördert die Herzgesundheit, stärkt das Immunsystem, senkt den Cholesterinspiegel, schützt vor Krebszellen, verhindert Blutgerinnsel und reguliert den Blutdruck.

Verwendung: Küche, Nahrungsergänzungsmittel, Sirupe und Aufgüsse.

Verwendete Teile: Knolle.

Vorsicht: Knoblauch senkt Blutdruck und Blutzucker. Wer entsprechende Medikamente einnimmt, sollte ihn meiden, um gefährlich niedrige Werte zu verhindern.

Rosmarin (Salvia rosmarinus)

Abbildung 18: Rosmarin. Quelle:
https://commons.wikimedia.org/wiki/File:Rosemary-7560.jpg

Beschreibung: Rosmarin duftet nach Zitrone und Erde - ein Aroma, das im alten Rom Krankheiten und böse Geister vertreiben sollte. Er gilt seit jeher als gedächtnisfördernd, so dass Studenten ihn beim Lernen verbrennen. Die moderne Wissenschaft bestätigt inzwischen seine kognitiv stimulierende Wirkung, aber das ist längst nicht alles.

Eigenschaften: Antioxidativ, entzündungshemmend, anregend und adstringierend.

Vorteile: Fördert die Verdauung, verbessert das Gedächtnis, lindert Muskelschmerzen, stimuliert das Haarwachstum und reguliert den Blutdruck.

Verwendung: Würzmittel, ätherisches Öl, Kräutertee und Ölauszug.

Verwendete Teile: Blätter.

Vorsicht: Rosmarin ist bei kontinuierlicher Einnahme über zwei Monate unbedenklich. Schwangere sollten allerdings auf die Öle verzichten. Als Gewürz in der Schwangerschaft oder Stillzeit ist er jedoch sicher.

Teebaum (Melaleuca alternifolia)

Abbildung 19: Teebaum. Quelle:
https://commons.wikimedia.org/wiki/File:Tea_tree_plant.jpg

Beschreibung: Vielleicht kennen Sie Teebaumöl. Den Namen "Teebaum" verdankt die Pflanze den Badjalang, die aus den Blättern medizinischen Tee brauten. James Cook brachte diese Pflanze in den Westen, wo sie als effektives Antiseptikum bis zur Entdeckung des Penicillins weit verbreitet war.

Eigenschaften: Antimykotisch, antiviral, antiseptisch und antibakteriell.

Vorteile: Heilt Hautinfektionen, lindert Halsschmerzen, bekämpft Aknebakterien, wirkt gegen Scheideninfektionen und kuriert Zahnfleischerkrankungen.

Verwendung: Ätherisches Öl und Mundspülung.

Verwendete Teile: Blätter.

Vorsicht: Die Blätter sind giftig - auch als Tee. Es ist sicherer, auf das verdünnte ätherische Öl zurückzugreifen.

Ringelblume (Calendula officinalis)

Abbildung 20: Ringelblume. Quelle: https://commons.wikimedia.org/wiki/File:Calendula_officinalis_L.JPG

Beschreibung: Dieses gänseblümchenartige Gewächs, auch "Studentenblume" genannt (obwohl keine echte Tagetes), stammt aus Europa und Teilen Asiens, wo es seit dem 13. Jahrhundert medizinisch genutzt wird. Damals schon beobachtete man, wie ihre Blütenköpfe dem Lauf der Sonne folgten - die Blüten öffneten sich morgens und schlossen sich abends.

Ringelblumen sind vor allem für ihre hautberuhigenden Eigenschaften berühmt, können aber weit mehr.

Eigenschaften: Entzündungshemmend, antiviral, östrogenartig, zusammenziehend und antibakteriell.

Vorteile: Lindert Hautentzündungen, heilt Hautpilz und Scheidenpilz, unterstützt die Verdauung und stillt Blutungen durch Gefäßverengung.

Verwendung: Tinkturen, Ölauszüge, Kräutertees und Salben.

Verwendete Teile: Frische oder getrocknete Blütenköpfe.

Vorsicht: Nicht mit Beruhigungsmitteln kombinieren und in der Schwangerschaft meiden.

5

EINEN EIGENEN HEILKRÄUTERGARTEN ANLEGEN

Gartenarbeit zu Hause ist einfacher, als Sie sich vorstellen können, und Sie haben besonders Glück, denn Kräuter gehören zu den am einfachsten zu ziehenden Pflanzen. Sie können Ihren Heilkräutergarten starten, sobald Sie etwas Erde zur Hand haben, denn so einfach wie Kräuter zu kultivieren sind, sind manche von ihnen noch einfacher. Hier sind die einfachsten, anfängerfreundlichen Kräuter, die jeder jederzeit anbauen kann:

Aloe Vera

Abbildung 21: Aloe vera. Quelle:
https://commons.wikimedia.org/wiki/File:Aloe_Vera_(4700054020).jpg

Sonnenlicht: Aloe vera liebt Sonnenlicht. Sie stirbt nicht, wenn Sie sie ab und zu im Halbschatten stehen lassen, aber sie sollte täglich bis zu sechs Stunden an Ihrem sonnigsten Platz stehen.

Boden und Drainage: Aloe-Pflanzen mögen gut durchlässige, eher trockene Erde. Sie gedeihen nicht in schwerer, durchnässter Erde, die lange

Feuchtigkeit speichert.

Wasser: Was das Gießen betrifft, ist Aloe vera relativ pflegeleicht. Die allgemeine Regel ist, der Erde Zeit zum Austrocknen zu geben, bevor Sie erneut gießen. Solange sie nicht komplett austrocknet, geht es Ihrer Aloe gut.

Schädlinge und Krankheiten: Aloe vera ist keine Pflanze, um die Sie sich zu viele Sorgen machen müssen – ein weiterer Grund, warum sie ideal für Gartenanfänger ist. Dennoch können Schmierläuse zum Problem werden, wenn Sie die Pflanze vernachlässigen. Ein Befall schwächt Ihre Pflanze und hinterlässt gelbe, welkende Blätter, da Schmierläuse den gesamten Saft aus den Blättern saugen, wenn man sie lässt. Kontrollieren Sie wöchentlich oder beim Gießen die Blattachseln und Unterseiten und entfernen Sie Schmierläuse mit einem in Alkohol getränkten Wattestäbchen. Blattläuse sind weitere Safträuber, aber wenn keine Insekten auf Ihrer Aloe sind, prüfen Sie auf Pilzbefall. Überwässerung ist meist der Auslöser.

Kamille

Sonnenlicht: Kamille bevorzugt volle Sonne und benötigt mindestens sechs Stunden Sonnenlicht täglich. Sie verträgt Halbschatten, aber die Folge sind weniger Blüten.

Boden und Drainage: Geben Sie Ihrer Kamille gut durchlässigen, mäßig fruchtbaren Boden. Sie wächst eigentlich in jedem Bodentyp, solange die Drainage gut ist, aber Kamille verträgt keine staunasse Erde.

Wasser: Der Boden sollte generell feucht, aber nie durchnässt sein. Gießen Sie, wenn die obersten ein bis zwei Zentimeter Erde trocken erscheinen.

Schädlinge und Krankheiten: Blattläuse sind ein Hauptproblem. Sie sammeln sich in Gruppen an den Stängeln und Blattunterseiten. Finden Sie sie und spritzen Sie sie mit einer Sprühflasche ab.

Lavendel

Sonnenlicht: Lavendel braucht täglich volle Sonne – mindestens sechs Stunden.

Boden und Drainage: Lavendel mag mäßig alkalischen, gut durchlässigen Boden. Er sollte mager und sandig sein, nicht reich und schwer. Gute Drainage ist sehr wichtig, damit die Wurzeln nicht im Wasser stehen und faulen. Wenn Sie im Topf anbauen, geben Sie zur Sicherheit Kies oder Schotter auf den Boden.

Wasser: Lavendel ist trockenheitstolerant und benötigt nicht viel Wasser. Gießen Sie nur, wenn die Erde trocken ist, und vermeiden Sie, die Blätter nass zu machen, da dies Pilzbefall begünstigt.

Schädlinge und Krankheiten: Spinnmilben befallen Lavendel bei heißem, trockenem Wetter. Sie erkennen sie an feinen Gespinsten auf Blättern und Unterseiten. Behandeln Sie dies mit Insektizidseife oder Neemöl.

Pfefferminze

Sonnenlicht: Pfefferminze gedeiht von Halbschatten bis voller Sonne, je nach Klima. In tropischem Klima schützt Nachmittagsschatten die Blätter vor Verbrennungen, in kühleren Regionen ist direkte Sonne kein Problem.

Boden und Drainage: Pfefferminze wächst am besten in lehmigem, saurem Boden mit einem pH-Wert zwischen 6,0 und 7,0. Sie können vorhandene Erde mit Kompost oder Mulch anpassen.

Wasser: Pfefferminze ist durstig. Halten Sie die Erde feucht, aber nicht durchnässt. Zu wenig Wasser lässt sie welken, zu viel führt zu Wurzelfäule.

Schädlinge und Krankheiten: Blattläuse sind ein großes Problem und breiten sich schnell aus. Spinnmilben und Weiße Fliegen können ebenfalls auftreten.

Ringelblume

Sonnenlicht: Ringelblumen brauchen mindestens sechs Stunden Sonne. Sie neigen sich zur Lichtquelle, also geben Sie ihnen so viel Sonne wie möglich.

Boden und Drainage: Eine Mischung aus Oberboden und Kompost bietet das beste Verhältnis von Drainage zu Feuchtigkeitsspeicherung. Gute Drainage ist essenziell, da Ringelblumen keine nassen Wurzeln mögen.

Wasser: Ringelblumen mögen feuchte, aber nicht durchnässte Erde. Gießen Sie regelmäßig und durchdringend, aber nicht zu viel. Prüfen Sie mit dem

Finger: Ist die oberste Erdschicht trocken, ist Gießen angesagt.

Schädlinge und Krankheiten: Ringelblumen sind robust, aber Blattläuse und Schnecken können auftreten. Blattläuse lassen sich mit Wasser oder Seifenlösung abspritzen, Schnecken meiden zerkleinerte Eierschalen oder Kupferband.

Schafgarbe

Abbildung 22: Schafgarbe. Quelle: https://commons.wikimedia.org/wiki/File:Yarrow,_Achillea_millefolium,_Yosemite.jpg

Sonnenlicht: Schafgarbe sollte täglich mindestens sechs bis sieben Stunden Sonne bekommen. Sie überlebt im Halbschatten, aber Blüten und Blätter leiden ohne genug Licht.

Boden und Drainage: Schafgarbe ist nicht wählerisch. Sie bevorzugt sogar mageren, aber gut durchlässigen Boden über nährstoffreiche Erde. Ideal ist neutraler bis leicht alkalischer pH-Wert mit guter Drainage.

Wasser: Einmal etabliert, ist Schafgarbe trockenheitstolerant. Junge Pflanzen brauchen regelmäßig Wasser, reife Pflanzen nur gelegentlich. Hängende Blätter signalisieren Wassermangel.

Schädlinge und Krankheiten: Wurzelfäule ist das schlimmste Problem, aber nur bei zu nährstoffreichem Boden. Blattläuse und Spinnmilben sind mit Wasser oder Insektizidseife leicht zu bekämpfen.

Weitere pflegeleichte Kräuter, die Sie anbauen können:

- Holunder
- Zitronenmelisse
- Basilikum
- Schnittlauch
- Rosmarin
- Minze (Breitet sich rasend schnell aus – aufgepasst!)
- Oregano
- Katzenminze

Gärtnern in Containern

Das Wort "Garten" ruft traditionelle Bilder von Erdbeeten hervor, doch Gärten gibt es in doppelt so vielen Formen, Größen und Locationen. Zwar wird Platz zunehmend zu einem Luxusgut, das sich immer weniger Menschen leisten können, aber das sollte Sie nicht davon abhalten, einen Garten anzulegen, wenn Sie das möchten. Es gibt mehr Gärten als Grundstücksflächen – denn fast alles lässt sich in Containern anbauen.

Beim Containergärtnern werden Pflanzen in Töpfen, Kästen oder anderen Gefäßen kultiviert, solange sie nicht direkt in der Erde wachsen. Diese Methode ist ideal für Menschen mit begrenztem Platz – ob für Wohnungsbewohner, Kleinhaustbesitzer oder Wohnviertel mit schlechter Bodenqualität.

Containergärtnern wäre perfekt für Sie, wenn Sie:

- **Wenig Platz haben:** Immer mehr Menschen leben in Wohnungen oder Häusern ohne Garten. Auch wenn Ihr Freiraum begrenzt ist, können Sie Kräuter zuhause anbauen. Nutzen Sie Balkon, Terrasse oder Fensterbretter als Minigarten.
- **Frische Kräuter und Gemüse wollen:** Selbst angebaute Kräuter und Gemüse schmecken nicht nur besser, sondern sind auch gesünder und viel günstiger.
- Gern dekorieren: Einige Kräuter haben so farbenfrohe Blüten, dass sie triste Ecken beleben – und es gibt passende Töpfe für jeden Stil. Gärtnern kann Kunst sein.

- **Pflegeleichte Lösungen bevorzugen:** Wenn Sie wenig Zeit haben, sind Container ideal. Viele Kräuter gedeihen mühelos in Töpfen, brauchen minimal Wasser und passen sich fast allen Bedingungen an.
- **Experimentieren wollen:** Containergärtnern ermöglicht den Anbau verschiedener Pflanzen ohne festes Beet. Falls eine Pflanze nicht gedeiht, versuchen Sie einfach etwas Neues im gleichen Topf.
- **Kontrolle über die Wachstumsbedingungen wünschen:** Sie bestimmen die Erde, Wasserzufuhr und Lichtmenge – und erhöhen so die Überlebenschancen Ihrer Pflanzen.

Arten von Pflanzgefäßen

- **Blumenkästen:** Fensterbank- oder Balkonkästen gibt es in vielen Größen. Passende Kräuter können Sie in einem langen Kasten kombinieren, wenn jede Pflanze genug Platz hat. Andernfalls verwenden Sie besser separate Kästen.

Abbildung 23: Blumenkasten fürs Fenster. Quelle: https://www.flickr.com/photos/daryl_mitchell/3946966496

- **Körbe:** Wenn Sie noch mehr Platz auf dem Boden oder der Terrasse sparen möchten, sind Pflanzkörbe ideal. Sie können an der Decke, an Haken oder Geländern aufgehängt werden, um wertvolle Grundfläche freizugeben. Hängende Kräuter wie Rosmarin, Petersilie oder Efeu wachsen malerisch über die Körbe hinaus und schaffen eine wunderschöne Arrangement. Der beste Korb hat gute Abflusslöcher und ist nicht zu schwer, um sicher aufgehängt werden zu können.

Abbildung 24: Pflanzkorb. Quelle:
https://commons.wikimedia.org/wiki/File:Wicker_bag_planters_(Unsplash).jpg

- **Selbstbewässernde Töpfe:** Wie der Name schon sagt, bewässern diese Töpfe die Pflanzen selbstständig mit minimalem Eingriff des Gärtners. Möglich wird dies durch einen integrierten Wasserbehälter am Boden, aus dem die Pflanzen Wasser nach Bedarf aufnehmen. Das ist die Rettung für gestresste Gärtner, besonders bei heißem Wetter, wenn Kräuter schneller austrocknen. Die Selbstbewässerungsfunktion reduziert die Häufigkeit des manuellen Gießens und macht sie zu einer hervorragenden pflegeleichten Option.

Abbildung 25: Selbstbewässernder Behälter. Quelle: https://commons.wikimedia.org/wiki/File:Self-watering-container.jpg

- **Recycelte Behälter:** Werfen Sie alte Teetassen, Einmachgläser oder Konservendosen nicht weg – sie machen sich hervorragend als entzückende Blumentöpfe für Ihren Garten. Das einzige Problem ist die Drainage, aber wenn Sie eine nachhaltige Lösung finden – etwa Löcher in den Boden bohren, damit die Pflanzen keine Staunässe bekommen, oder sparsamer, dafür häufiger gießen – haben Sie einen funktionalen, selbstgemachten und umweltfreundlichen Pflanzbehälter.
- **Vertikale Pflanzsysteme:** Vertikale Pflanzsysteme sind eine raffinierte, platzsparende Lösung. Mit einem mehrstufigen Behälter können Sie mehrere Kräuter auf engstem Raum anbauen. Ihr vertikales Pflanzsystem kann an einer Wand oder in einer Ecke stehen, um den verfügbaren Raum optimal zu nutzen. Das gestaffelte Design ist stilvoll und schafft den Eindruck von mehr Grün.

Abbildung 26: Vertikale Bepflanzung. Quelle: *https://commons.wikimedia.org/wiki/File:Vertical_garden_wall.jpg*

Welches Topfmaterial ist das richtige für Sie?

- **Ton (Terrakotta):** Ton- oder Terrakottatöpfe sind natürlich und porös, sodass Luft und Feuchtigkeit ungehindert durch ihre Wände zirkulieren können – buchstäblich der Traum jeder Pflanze. Es gibt jedoch einen Kompromiss. Ton töpfe trocknen im Vergleich zu anderen Materialien etwa zehnmal schneller aus, daher müssen Sie beim Gießen besonders konsequent sein.
- **Keramik:** Keramiktöpfe sind in Sachen Stil und Feuchtigkeitsspeicherung eine Steigerung gegenüber einfachen Tongefäßen, da viele Keramikbehälter mit einer Glasur versehen sind, die hilft, das Wasser im Boden zu halten. Das bedeutet, dass Sie Ihre Kräuter nicht so häufig gießen müssen. Der größte Nachteil ist, dass Keramik schwerer ist als andere Materialien, wodurch die Töpfe weniger transportabel sind. Dafür bieten sie eine gute Stabilität, denn sie werden nicht so leicht vom Wind umgeworfen.

- **Metall:** Diese Töpfe sind stilvoll mit ihren klaren, geometrischen Designs, die sich perfekt für moderne Außenbereiche eignen. Metall selbst ist ein bemerkenswert haltbares Material, das jedem Wetter standhält. Nun ja, außer der prallen Sonne. Es wird unter der Sonne sehr heiß. Das gefällt Ihren Pflanzen nicht, also sollten Sie Metallbehälter im Schatten halten oder isolierte Designs für eine bessere Temperaturregulierung wählen.
- **Kunststoff:** Leicht, stilvoll und sehr erschwinglich – Kunststofftöpfe sind in jedem Garten zu finden, warum auch nicht? Der Nachteil ist, dass sie nicht die beste Isolierung bieten. Ihre Pflanzenwurzeln benötigen zusätzlichen Schutz bei extremen Temperaturen, sei es sehr heiß oder sehr kalt. Ohne ihn leiden die Wurzeln.

Wann ist der richtige Zeitpunkt für die Ernte?

Für jeden Gärtner – ob Kräuterkenner oder nicht – ist es eine Verschwendung von Zeit, Mühe und Ressourcen, wenn er nicht weiß, wann er ernten soll. Der richtige Zeitpunkt entscheidet über die beste und ertragreichste Ernte, und da dies der eigentliche Zweck des eigenen Pflanzenanbaus ist, gibt es keinen Grund, nicht von seiner harten Arbeit zu profitieren und gleichzeitig Verschwendung zu minimieren.

Die wichtigsten Punkte, die man vor der Ernte beachten sollte, sind:

- **Morgendliche Frische:** Pflanzen sollten am besten nach dem Trocknen des Taus, aber bevor die Sonne zu heiß wird, geerntet werden. Die Luft ist morgens kühler, und die Pflanzen sind frischer und besser mit Wasser versorgt.
- **Konzentration ätherischer Öle:** Die Konzentration ätherischer Öle ist morgens am höchsten. Diese Öle sind wichtig, denn in ihnen sind die Aromen und heilenden Verbindungen konzentriert. Nichts spricht dagegen, in der Nachmittagshitze zu ernten, aber was, wenn die Sonne so stark wird, dass ein Großteil der Öle verdampft? Deshalb sollte man nichts dem Zufall überlassen und morgens ernten.

- **Stress der Pflanzen:** Auch Pflanzen leiden unter Dehydrierung, was ihre Gesundheit und Wachstumsrate beeinträchtigt. Jede Ernte entzieht der Pflanze etwas – was auch der Sinn des Gärtnerns ist –, aber man sollte mit Bedacht vorgehen und ihr weiteres Wachstum berücksichtigen. Das bedeutet, zu ernten, wenn die Pflanzen am wenigsten gestresst sind, und nur das Nötigste zu entnehmen.
- **Wachstumsphase:** Blattkräuter sollten kurz vor der Blüte geerntet werden, denn wenn eine Pflanze blüht, verlagert sie ihre Energie von der Blatt- zur Samenproduktion, was sich an Geschmack und Textur der Blätter zeigt. Blühende Kräuter hingegen sollten geerntet werden, wenn die Blüten vollständig geöffnet sind, nicht vorher. Falls Sie Rhizome in Ihrem Garten haben (wie Kurkuma, Ingwer etc.), ernten Sie diese, wenn die Blätter sichtlich verwelkt aussehen, denn dann sind die Wurzeln ausgereift und bereit zur Ernte.

Methoden zum Trocknen Ihrer Kräuter

- **Lufttrocknung:** Die Lufttrocknung ist die älteste und traditionellste Trocknungsmethode. Manche würden sogar sagen, es ist die einfachste. Um Ihre Kräuter an der Luft zu trocknen, binden Sie sie zu Bündeln und hängen sie kopfüber in einem kühlen, dunklen und trockenen Bereich auf, wie etwa einer Vorratskammer (falls vorhanden) oder einem Lagerraum. Es sollte gute Luftzirkulation herrschen, um Schimmelbildung zu vermeiden, und je nach Kraut und Luftfeuchtigkeit kann dieser Prozess ein bis drei Wochen dauern. Die Lufttrocknung ist schonend und erhält den Geschmack der Kräuter lange nach der Trocknung.
- **Dörren:** Ein Dörrgerät bietet einen schnelleren und kontrollierteren Weg, um Kräuter zu trocknen. Stellen Sie das Gerät auf niedrige Temperatur ein und verteilen Sie die Kräuter in einer Schicht auf dem Dörrgitter. Das Gerät zirkuliert warme Luft, um die Feuchtigkeit zu entziehen, ohne die Kräuter zu zerstören.
- **Ofentrocknung:** Für diejenigen, die kein Dörrgerät besitzen, kann auch ein Backofen verwendet werden – mehr oder weniger. Ein Dörrgerät ist genau für diesen Zweck gebaut, ein Ofen nicht, aber letzterer kann ebenfalls Feuchtigkeit entziehen, ohne die Kräuter zu

garen. Stellen Sie den Ofen auf die niedrigste Temperatur und verteilen Sie die Kräuter auf einem Backblech. Lassen Sie die Ofentür leicht geöffnet, damit die Feuchtigkeit entweichen kann. Diese Methode ist zwar schnell, aber ohne gelegentliches Wenden und Kontrollieren verbrennen die Kräuter leicht.

- **Mikrowellentrocknung:** Eine Mikrowelle ist eine weitere Option, falls kein Ofen oder Dörrgerät zur Verfügung steht. Legen Sie die Kräuter zwischen zwei Lagen Küchenpapier und erhitzen Sie sie in der Mikrowelle bei geringer Leistung in kurzen Intervallen von 20 Sekunden, um ein Verbrennen zu vermeiden. Diese Methode eignet sich nur für kleine Mengen, größere Ernten sind schwer zu bewältigen, aber mit etwas Geduld ist es möglich.

Teil III: Hausmittel und Rezepte zum Selbermachen

6

HEILSALBEN UND BALSAME

Salben und Balsame sind cremige pflanzliche Heilmittel, die man in die Haut einmassiert. Beide bestehen aus einer Basis und einem Extrakt. Die Basis ist immer ein Trägeröl wie Oliven- oder Kokosöl, das man mit Bienenwachs mischt, um die dickflüssige Konsistenz zu erreichen. Obwohl Balsame mehr Bienenwachs enthalten als Salben, hilft diese Dicke dabei, dass die Kräuter in die Haut eindringen, indem die feuchtigkeitsspendende Komponente (das Basisöl plus Bienenwachs) lange genug auf der Haut bleibt, damit die Kräuter durch die Poren wandern und ihre Wirkstoffe abgeben können.

Sowohl Salben als auch Balsame werden zur Behandlung von Hautentzündungen, kleinen Schnitten, Prellungen, trockener Haut, Insektenstichen, Verbrennungen, Ausschlägen usw. verwendet. Sie sind einfach herzustellen und sollten bei Nichtkontamination sieben Monate bis drei Jahre haltbar sein. Die genaue Haltbarkeit hängt jedoch von den verwendeten Kräutern, dem Trägeröl und der Hygiene ab (falls man die Finger hinein taucht).

Basisöle

- **Olivenöl:** Olivenöl ist ein Küchenfavorit und eines der besten Basisöle für Salben und Balsame. Seine goldene Farbe ist nur halb so attraktiv wie seine bemerkenswerten Mengen an Antioxidantien und Vitaminen, insbesondere Vitamin E. Es fettet nicht zu stark, wenn man bedenkt, wie feuchtigkeitsspendend es ist. Seine entzündungshemmenden Eigenschaften ergänzen Salben oder

Balsame gegen Rötungen, Schwellungen, Schnitte und Prellungen. Es ist definitiv nicht das günstigste, aber wenn man es sich leisten kann, gibt es es in jedem Geschäft.

- **Kokosöl:** Kokosöl wurde schnell zum Standard in der Hautpflege, als man herausfand, dass es genauso gesund für die Haut wie für den Körper ist. Es ist reich an Fettsäuren und hat natürliche antimikrobielle Eigenschaften gegen Pilze und Bakterien. Es bildet auch einen Schutzfilm auf der Haut, um Feuchtigkeit einzuschließen und Hautspannungen bei trockenen Hauterkrankungen wie Ekzemen zu behandeln. Wenn man Kokosöl nicht aus diesen Gründen verwendet, dann wegen seines luxuriösen Dufts.
- **Süßmandelöl:** Süßmandelöl ist eine gute Basis für empfindliche Haut. Es ist leicht und zieht unglaublich schnell ein. Zudem ist es eine starke Quelle der hautnährenden Vitamine A und E – A beschleunigt die Erneuerung gesunder Hautzellen, während E als Antioxidans wirkt. Süßmandelöl in einer Salbe hilft bei Reizungen, Rötungen, Verbrennungen, Ausschlägen und trockenen Stellen.
- **Jojobaöl:** Jojobaöl ist kein Öl wie Mandel- oder Kokosöl, sondern eher ein flüssiges Wachs, das den natürlichen Ölen der menschlichen Haut stark ähnelt. Die Ähnlichkeit ist verblüffend, aber sie macht Jojobaöl zu einem der drei besten feuchtigkeitsspendenden Öle. Es reguliert die Hautfettproduktion, macht die Haut weich, reduziert Pickel und behandelt Entzündungen.
- **Avocadoöl:** Avocadoöl ist eines der nährstoffreichsten Basisöle. Es enthält mehr Vitamine A, D und E als die meisten Öle, ist aber auch dicker als diese. Es ist sehr hydratisierend, etwas fettig, aber auch stark entzündungshemmend. Bei sehr trockener Haut, Ekzemen oder Psoriasis ist es perfekt.
- **Traubenkernöl:** Traubenkernöl ist das genaue Gegenteil von Avocadoöl. Es ist leicht und überhaupt nicht fettig. Es wird aus den Kernen von Trauben gewonnen und ist reich an Linolsäure, einer Fettsäure in der Feuchtigkeitsbarriere der Haut. Es enthält auch entzündungshemmende Antioxidantien.
- **Hanfsamenöl:** Hanfsamenöl spendet Feuchtigkeit, ohne die Poren zu verstopfen. Es ist eines der besten Öle für fettige und zu Akne neigende Haut mit seinem comedogenen Index von null und vielen

Omega-Fettsäuren. Es eignet sich gut als Basis für heilende und feuchtigkeitsspendende Kräutersalben.

- **Arganöl:** Arganöl hat trotz seiner feuchtigkeitsspendenden Wirkung ebenfalls einen comedogenen Index von null und ist für alle Hauttypen geeignet, auch für sehr fettige Haut. Es ist eines der teuersten Öle der Welt, denn sein hoher Gehalt an Palmitinsäure, Vitamin E und Stearinsäure macht die Haut weich und behandelt Pigmentflecken, Narben, Fältchen und Akne. Kombiniert mit einem Kräuterextrakt ergibt es eine Salbe für fast jedes Hautproblem.
- **Sonnenblumenöl:** Dieses Basisöl dürfte fast ewig halten, denn es hat die längste Haltbarkeit aller Basisöle. Zudem enthält es mehr Omega-Fettsäuren und die Vitamine K, C und E als die anderen Öle. Sonnenblumenöl ist ideal gegen freie Radikale, Entzündungen, Rötungen und Sonnenbrand. Aber man sollte es nicht über 180°C erhitzen, da es dann krebserregende Aldehyde freisetzt. Aus Sicherheitsgründen sollte die Temperatur deutlich unter dem Rauchpunkt liegen.

Bienenwachs

Bienenwachs ist eine natürliche Substanz, die von Honigbienen produziert wird. Genauer gesagt, von den Arbeiterinnen im Volk. Diese Bienen scheiden die Substanz aus acht speziellen Drüsen aus und nutzen sie zum Bau ihrer Waben, in denen sie Honig und ihre Brut aufbewahren.

Abbildung 27: Bienenwachs. Quelle:
https://www.flickr.com/photos/genesisscience/52998510364

Honigbienen sind nicht die einzigen Bienenarten. Andere Bienen produzieren ebenfalls Wachs, zumindest ihre Version davon, aber keine kommt an Bienenwachs heran. Bienenwachs übertrifft sie in Textur und Qualität. Es ist der natürliche Weichmacher, wirkt antibakteriell und ist einfach zu verarbeiten. Reines Bienenwachs ist bei Raumtemperatur fest, schmilzt aber unter Hitze zu einer Flüssigkeit, die sich nahtlos mit anderen kosmetischen Zutaten, in diesem Fall Basisölen und Kräuterauszügen, verbindet.

Direkt aus dem Bienenstock ist Bienenwachs gelblich, kann aber auch weiß sein. Weißes Bienenwachs wurde gereinigt, um Verunreinigungen, Pollen und Propolis (auch Bienenspeichel genannt) zu entfernen. Kosmetikhersteller und Pharmazeuten bevorzugen diese Version wegen ihrer Reinheit, aber gelbes Bienenwachs bleibt der Goldstandard. Neben diesen beiden gibt es noch eine dritte Version namens Absolut. Diese Kombination aus gelbem Bienenwachs und Alkohol ist in der Parfümindustrie sehr beliebt. Man sollte gelbes Wachs wählen, wenn man reines Bienenwachs in seiner ganzen Pracht haben möchte, und weißes Wachs, wenn man den gelben Farbton und den natürlichen Duft von gelbem Bienenwachs stört.

Eczema-Salbe mit Ringelblume

Ringelblumen werden seit Jahrhunderten für ihre entzündungshemmenden und wundheilenden Eigenschaften verwendet. Kombiniert man sie mit Mandelöl, Bienenwachs und Sheabutter für zusätzliche Feuchtigkeit, erhält man ein nahezu perfektes Heilmittel zur Stärkung der Hautbarriere gegen Ekzemsymptome.

Zutaten:

- 1 Tasse getrocknete Ringelblumenblüten
- 1 Tasse Mandelöl
- 3 Esslöffel gelbes Bienenwachs
- 2 Esslöffel Sheabutter

Anleitung:

1. Gieße genug Wasser in den unteren Topf des Wasserbads und stelle ihn auf mittlerer Hitze auf den Herd, bis es köchelt. Falls du kein Wasserbad besitzt, kannst du einen normalen Topf (für das Wasser) und einen hitzebeständigen Behälter (für die Zutaten) verwenden.
2. Die Hitze auf niedrige Stufe reduzieren.
3. In den oberen Topf (oder hitzebeständigen Behälter) das Mandelöl und die Ringelblumen geben. Dies bei niedriger Hitze bis zu drei Stunden erwärmen lassen. Eine Alternative (ohne Hitze) ist, die getrockneten Blüten mit dem Öl zu mischen und fünf Wochen lang langsam an einem kühlen Ort ziehen zu lassen.
4. Die Hitze ausschalten und das Öl abkühlen lassen.
5. Die Ringelblumen mit einem Sieb oder einem Mulltuch abseihen und das infundierte Öl zurück in den Doppelkocher geben.
6. Die Hitze wieder auf niedrige Stufe anschalten.
7. Dem warmen Öl Bienenwachs und Sheabutter hinzufügen und rühren, bis Wachs und Butter vollständig geschmolzen und vermischt sind.
8. Den Doppelkocher von der Hitze nehmen.
9. Die Salbe in saubere, sterilisierte Behälter füllen und auf Raumtemperatur abkühlen lassen.
10. Bei Raumtemperatur wird die Salbe fest, aber bleibt streichfähig. Den Deckel verschließen und aufbewahren.
11. Kleinen Mengen auf Ekzemstellen auftragen.

Spitzwegerich-Salbe für Schnitte

Für dieses Rezept wird eine Basis aus Sonnenblumen- und Jojobaöl verwendet, die mit antibakterieller Schafgarbe, entzündungshemmenden Spitzwegerichblättern und hauptsächlich wegen des Dufts (aber auch wegen seiner antibakteriellen Wirkung) Zitronenmelisse angereichert wird.

Zutaten:

- ¼ Tasse getrocknete Schafgarbenblüten
- ¼ Tasse getrocknete Spitzwegerichblätter
- ¼ Tasse getrocknete Zitronenmelissenblätter
- 1 Tasse Sonnenblumenöl

- 1 Tasse Jojobaöl
- 7 Esslöffel gelbes Bienenwachs

Anleitung:

1. Wasser in den unteren Teil des Doppelkochers füllen und bei mittlerer Hitze erhitzen.
2. Die getrocknete Schafgarbe, Spitzwegerichblätter und Zitronenmelisse in den oberen Topf geben und mit Sonnenblumen- und Jojobaöl übergießen.
3. Die Hitze auf niedrig reduzieren und mindestens zwei Stunden ziehen lassen.
4. Die Hitze ausschalten und das Öl abkühlen lassen.
5. Das infundierte Öl durch ein feines Sieb oder ein Mulltuch abseihen. Die Kräuter leicht auspressen, um möglichst viel Öl zu gewinnen.
6. Das aromatisierte Öl zurück in den oberen Teil des Doppelkochers geben und das Bienenwachs hinzufügen.
7. Die Mischung bei schwacher Hitze erwärmen und rühren, bis das Bienenwachs vollständig geschmolzen ist.
8. Die Hitze ausschalten und den Doppelkocher entfernen.
9. Die Salbe in Behälter umfüllen und komplett abkühlen lassen, bis sie erstarrt ist, bevor der Deckel aufgesetzt wird.
10. Eine kleine Menge der Salbe direkt auf saubere Schnitte oder Schürfwunden auftragen.

Natürliche Muskel-Salbe

Cayennepfeffer und Ingwer sorgen für eine wohltuende Wärme und Linderung bei schmerzenden Muskeln, während Wintergrün- und Lavendelöl die schmerzlindernden und entspannenden Eigenschaften dieser hausgemachten Muskel-Salbe ergänzen.

Zutaten:

- 1 Tasse Kokosöl
- ½ Tasse geraspeltes Bienenwachs
- 2 Esslöffel Ingwerpulver
- 2 Esslöffel Cayennepulver

- 7 Tropfen Lavendelöl
- 7 Tropfen Wintergrünöl

Anleitung:

1. Für dieses Rezept kann zwar die Doppelkocher-Methode verwendet werden, aber wie wäre es mit etwas anderem? Nimm eine hitzebeständige Schüssel.
2. Geben Sie das geraspelte Bienenwachs und das Kokosöl in eine Schüssel abmessen. Die Schüssel sollte klein genug sein, um in Ihre Mikrowelle zu passen.
3. Erhitzen Sie dies in der Mikrowelle, bis das Bienenwachs vollständig flüssig ist. Rühren Sie um, um sicherzustellen, dass das Kokosöl gut eingearbeitet ist.
4. Sie müssen schnell arbeiten, denn je mehr die Mischung abkühlt, desto fester wird sie. Sie können sie zwar wieder in die Mikrowelle stellen, aber wenn Sie schnell genug sind, ist das nicht nötig. Rühren Sie das Cayenne-Pulver und Ingwerpulver ein.
5. Lassen Sie die Salbengrundlage nun nur zwei Minuten abkühlen, dann fügen Sie die Wintergreen- und Lavendel-Ätherischen Öle hinzu. Nochmals umrühren.
6. Füllen Sie die Salbe in ein sauberes, trockenes Glasgefäß und lassen Sie sie bei offenem Deckel auf Raumtemperatur abkühlen.
7. Massieren Sie sie in schmerzende Muskeln ein, um wohltuende Linderung zu erhalten.

Beinwell-Salbe für Verbrennungen

Olivenöl mit seinen Fettsäuren ist bekannt dafür, die Haut zu pflegen und zu heilen. Dazu kommen Beinwell, Ringelblume und Spitzwegerich, die alle für ihre entzündungshemmende und geweberegenerierende Wirkung bekannt sind. Beinwell beschleunigt besonders die Hautregeneration, und Sie möchten, dass Ihre Verbrennungen so schnell wie möglich heilen, um das Infektions- und Narbenrisiko zu verringern. Johanniskraut lindert die Schmerzen während des Heilungsprozesses, und Lavendel duftet nicht nur wunderbar, sondern wirkt auch antiseptisch.

Zutaten:

- 2 Tassen Olivenöl
- 2 ½ Esslöffel getrocknete Beinwellblätter
- 2 ½ Esslöffel getrocknete Ringelblumenblüten
- 2 ½ Esslöffel getrocknete Spitzwegerichblätter
- 2 ½ Esslöffel getrocknete Johanniskrautblüten
- 10 Esslöffel Bienenwachs
- 10 Tropfen Lavendel-Ätherisches Öl

Anleitung:

1. Richten Sie einen Wasserbad bereit oder improvisieren Sie eines mit einem Topf und einer hitzebeständigen Schüssel.
2. Füllen Sie den unteren Topf mit Wasser und stellen Sie ihn auf mittlere Hitze.
3. Geben Sie das gesamte Olivenöl und die getrockneten Kräuter in die hitzebeständige Schüssel.
4. Stellen Sie die Schüssel auf den Topf mit dem simmernden Wasser und reduzieren Sie die Hitze auf niedrig.
5. Lassen Sie die Kräuter und das Öl mindestens zwei Stunden ziehen.
6. Nach zwei Stunden oder mehr nehmen Sie die Schüssel aus dem Wasserbad und lassen sie auf eine handhabbare Temperatur abkühlen.
7. Spannen Sie ein feines Sieb oder ein Mulltuch über eine weitere saubere Schüssel und seihen Sie das warme Öl ab, um die Pflanzenreste zu entfernen.
8. Geben Sie das Bienenwachs in die erste hitzebeständige Schüssel und schmelzen Sie es bei niedriger Hitze. Rühren Sie ständig, bis es vollständig flüssig ist.
9. Sie können das aufgegossene Öl während oder nach dem Schmelzen des Bienenwachses hinzufügen. In jedem Fall gründlich umrühren, um beide Flüssigkeiten zu vermischen.
10. Lassen Sie die Mischung drei Minuten abkühlen, dann rühren Sie schnell das Lavendel-Ätherische Öl unter.
11. Füllen Sie die Salbe in sterilisierte Dosen oder Gläser und lassen Sie sie auf Raumtemperatur abkühlen, bevor Sie den Deckel schließen.

12. Tragen Sie kleine Mengen auf Verbrennungen auf. Reiben Sie es vorsichtig ein, um die bereits gereizte Haut nicht zusätzlich zu irritieren.

Sonnenbrand-Salbe

Aloe-Vera-Gel ist das Mittel der Wahl bei Sonnenbrand, da die Linderung fast sofort eintritt. Kokosöl und Bienenwachs bilden eine schützende, feuchtigkeitsspendende Basis, während die Aloe ihre Wirkung entfaltet. Lavendel und Vitamin E wirken ebenfalls heilend und entzündungshemmend.

Zutaten:

- 2 Tassen Kokosöl
- 1 Tasse Bienenwachs
- ½ Tasse Aloe-Vera-Gel
- 10 Tropfen Lavendel-Ätherisches Öl
- 7 Tropfen Vitamin E

Anleitung:

1. Sie benötigen ein Wasserbad.
2. Füllen Sie Wasser in den unteren Topf und stellen Sie ihn auf mittlere Hitze.
3. Geben Sie Kokosöl und Bienenwachs in eine hitzebeständige Schüssel oder den oberen Topf.
4. Stellen Sie die Schüssel (oder den oberen Topf) in den anderen Topf mit dem heißen Wasser und reduzieren Sie die Hitze auf niedrig.
5. Rühren Sie das Kokosöl und das Bienenwachs zusammen, während sie schmelzen.
6. Sobald Öl und Wachs eine homogene Flüssigkeit bilden, nehmen Sie die Schüssel von der Hitze und rühren das Aloe-Vera-Gel ein.
7. Lassen Sie die Mischung drei Minuten stehen, bevor Sie das Lavendelöl und die Vitamin-E-Tropfen hinzufügen. Nochmals umrühren.
8. Füllen Sie die Salbe in Behälter ab und lassen Sie sie mit offenem Deckel abkühlen.

9. Sie wissen, dass sie fertig ist, wenn sie abgekühlt und fest geworden ist.
10. Massieren Sie sie vorsichtig in die sonnenverbrannten Hautstellen ein.
11. Verwenden Sie diese Salbe zügig wegen des Wassergehalts der Aloe oder bewahren Sie sie bis zu zwei Wochen im Kühlschrank auf.

Pflegender Lippenbalsam

Drei stark Feuchtigkeit spendende Inhaltsstoffe – Mandelöl, Sheabutter und Bienenwachs – gehen in dieses Rezept für trockene, rissige Lippen. Die ätherischen Öle verbinden sich zu einem göttlichen Duft und machen die Lippen zusätzlich geschmeidig.

Zutaten:

- ½ Esslöffel kaltgepresstes Mandelöl
- ½ Esslöffel Sheabutter
- ½ Esslöffel Bienenwachs
- 4 Tropfen Lavendelöl
- 1-2 Tropfen Ylang-Ylang-Öl
- 2 Tropfen Zedernholzöl

Anleitung:

1. Stellen Sie einen Topf mit Wasser auf den Herd und erhitzen Sie ihn bei mittlerer Hitze.
2. Geben Sie Mandelöl, Sheabutter und Bienenwachs in eine hitzebeständige Schüssel.
3. Setzen Sie die Schüssel auf den Topf mit dem heißen Wasser und reduzieren Sie die Hitze.
4. Rühren Sie die Mischung, bis das Bienenwachs geschmolzen ist.
5. Nehmen Sie die Schüssel von der Hitze und lassen Sie sie drei Minuten abkühlen.
6. Fügen Sie die Tropfen Lavendel-, Zedernholz- und Ylang-Ylang-Öl hinzu und rühren Sie um.
7. Füllen Sie die Flüssigkeit in saubere, leere Lippenbalsam-Tuben oder Behälter. Dieses Rezept ergibt vier Tuben.

8. Stellen Sie die befüllten Behälter beiseite und lassen Sie sie auf Raumtemperatur abkühlen.
9. Tragen Sie den Balsam auf, wenn Ihre Lippen rissig, gespannt oder trocken sind.

7

KRÄUTERTEES UND AUFGÜSSE

Der beste Einstieg in dieses Kapitel ist, das Missverständnis auszuräumen, dass Kräutertees dasselbe sind wie traditioneller Tee. Traditioneller Tee wird aus der Pflanze Camellia sinensis hergestellt und enthält Koffein, während Kräutertee aus anderen Kräutern aufgebrüht wird und generell koffeinfrei ist. Was sie jedoch gemeinsam haben, sind die Zubereitungsmethoden - die Art, wie man sie aufbrüht.

Für Pflanzen gibt es drei Zubereitungsmethoden: Kaltaufguss, Heißaufguss und Abkochung.

Abbildung 28: Kräutertee. Quelle: https://www.pexels.com/photo/tea-and-tea-leaves-in-cups-7136271/

Kaltaufguss: Ein Kaltaufguss verwendet kaltes oder zimmerwarmes Wasser statt heißem Wasser. Dabei gibt man die Kräuter (frisch oder getrocknet) in normales Wasser und lässt sie 3 bis 8 Stunden ziehen. Diese Methode eignet sich besonders für Kräuter, die in heißem Wasser an Aroma verlieren könnten. Der Tee hat ein milderes, subtileres Aroma als Heißaufgüsse, da Hitze mehr chemische Verbindungen extrahiert, was den Tee oft stärker oder bitterer macht. Starker oder bitterer Tee ist nicht schlecht, aber manchmal will man einfach etwas Leichteres. Nicht jede Pflanze eignet sich dafür – Wurzeln etwa benötigen heißes Wasser, um ihre Wirkstoffe freizusetzen. Außerdem hält sich ein Kaltaufguss nicht so lange wie ein Heißaufguss (maximal 24 Stunden im Kühlschrank), da das Kochen Bakterien abtötet.

Heißaufguss: Das genaue Gegenteil zum Kaltaufguss. Die Kräuter werden mindestens 5 Minuten in heißem Wasser ziehen gelassen. Die Hitze zersetzt die Pflanzenzellen und setzt mehr Nährstoffe frei – Antioxidantien, Vitamine und Mineralien, aber auch oft einen intensiveren/bitteren Geschmack. Durch das Kochen ist der Tee länger haltbar (bis zu 3 Tage im Kühlschrank).

Abkochung: Für härtere Pflanzenteile wie Wurzeln, Rinde oder Samen. Hier lässt man die Kräuter nicht nur ziehen, sondern aktiv 10-20 Minuten kochen, um durch die widerstandsfähigen Außenschichten zu dringen. Das Ergebnis ist ein konzentrierter, wirksamerer Tee mit noch intensiverem Geschmack als beim Heißaufguss – nicht jedermanns Sache, aber für manche Kräuter die einzig effektive Methode. Da heißt es dann: Augen zu und durchtrinken.

Tipps für die Zubereitung von Heiltees

- Verwende immer frische oder hochwertige getrocknete Kräuter aus vertrauenswürdiger Quelle.
- Informiere dich über Wirkung und optimale Zubereitung jeder Pflanze.
- Faustregel: 1-2 TL getrocknete oder 1-2 EL frische Kräuter pro Tasse Wasser (kein striktes Gesetz).
- Halte dich an die empfohlene Ziehzeit – zu lange Ziehzeiten machen viele Tees bitter.
- Decke den Tee beim Ziehen ab, um Wärme und Aromen zu bewahren.
- Besorge dir ein Teeei oder Teefilter – das erleichtert das Aufbrühen.
- Honig oder natürliche Süßungsmittel sind in Ordnung, aber Zucker meiden. Süße erst NACH dem Aufbrühen zufügen.
- Kräutertee schmeckt frisch am besten – möglichst bald verzehren.

- Mische, kennzeichne und lagere getrocknete Teemischungen für schnellen Zugriff.
- Nichts ersetzt Wasser vollständig, aber Kräutertees kommen dem sehr nah.
- Wie immer: Beginne mit kleinen Mengen, um die Verträglichkeit zu testen.

Einschlaftee

Bei Schlafproblemen kombiniert dieser Tee einige der wirksamsten Beruhigungskräuter, um den Körper zu entspannen und auf eine erholsame Nacht vorzubereiten.

Zutaten:

- 2 EL getrocknete Kamillenblüten
- 2 EL getrocknete Zitronenmelissenblätter
- 1 EL getrocknete Baldrianwurzel
- 3 Tassen Wasser

Zubereitung:

1. Das Wasser in einem kleinen Topf zum Simmern bringen (nicht kochen).
2. Die Baldrianwurzel hinzufügen und 15 Minuten köcheln lassen.
3. Nach 15 Minuten Hitze ausschalten und Kamille sowie Zitronenmelisse zufügen.
4. Topf abdecken und weitere 6 Minuten ziehen lassen.
5. Tee durch ein feines Sieb in eine Tasse oder Kanne gießen.
6. 1-2 Tassen etwa 30 Minuten vor dem Schlafengehen trinken.

Blähungstee

Ab und zu fühlt sich jeder aufgebläht – aber das muss nicht ewig dauern. Ingwer lässt den Magen sich zusammenziehen und Gase ausstoßen. Fenchel reduziert ebenfalls Blähungen. Pfefferminze entspannt den Verdauungstrakt, Zimt reguliert Verdauungsenzyme, und Kamille schmeckt einfach herrlich.

Zutaten:

- 2 Tassen Wasser
- 1 EL Kamillenblüten
- 2 EL frisch geriebener Ingwer
- 3 TL getrocknete Pfefferminzblätter
- 3 TL Fenchelsamen
- 1 Zimtstange
- 2 EL frisch gepresster Zitronensaft
- 2 TL Honig

Zubereitung:

1. Wasser in einem kleinen Topf bei schwacher Hitze zum Simmern bringen (nicht kochen).
2. Sobald das Wasser simmert, Ingwer, Fenchelsamen, Pfefferminzblätter und Zimtstange hinzufügen. Umrühren und abdecken.
3. 12 Minuten im köchelnden Wasser ziehen lassen.
4. Nach 12 Minuten Hitze ausschalten, Zimtstange entfernen und Kamillenblüten zufügen. 5 Minuten ziehen lassen.
5. Tee durch ein Sieb in eine Kanne oder Tasse gießen.
6. Zum Schluss Zitronensaft und Honig einrühren.
7. 1 Tasse nach den Mahlzeiten trinken.

Tee bei Verstopfung

Verstopfung entsteht, wenn die Bewegung durch den Dickdarm verlangsamt ist. Diese Kräutermischung stimuliert den Verdauungstrakt und bringt ihn wieder in Schwung. Dabei handelt es sich um eine sorgfältige Kombination wärmender Gewürze und karminativer Kräuter (gegen Blähungen). Gemeinsam wirken sie als natürliches Abführmittel zur Reinigung des Verdauungssystems.

Zutaten:

- 1 Zimtstange
- 2 Stück Sternanis
- 1 Teelöffel Anissamen
- 1 Teelöffel Fenchelsamen

- 4 ganze Gewürznelken
- 2 Esslöffel Ingwer, in dünne Scheiben geschnitten
- 2 Teelöffel getrocknete Senna-Blätter
- 1 Esslöffel getrocknete Rhabarberwurzel
- 3 Tassen Wasser

Anleitung:

1. Geben Sie Sternanis, Nelken, Anissamen, Fenchelsamen, Ingwerscheiben, Rhabarberwurzel und Zimt in einen kleinen Topf.
2. Gießen Sie das Wasser dazu und stellen Sie den Topf auf mittlere Hitze. Wenn es anfängt zu simmern, drehen Sie die Hitze auf niedrig und lassen Sie es bis zu 20 Minuten köcheln.
3. Nehmen Sie den Topf vom Herd und fügen Sie die Senna-Blätter hinzu.
4. Decken Sie den Topf mit einem Deckel ab und lassen Sie es weitere 10 Minuten ziehen.
5. Gießen Sie den Tee durch ein Sieb in Ihre Teekanne oder Tasse und servieren Sie ihn.
6. Trinken Sie maximal 2 Tassen pro Tag, bis Sie den Drang verspüren, wieder zur Toilette zu gehen.

Immunstärkender Ingwer-Tonikum

Gute Gesundheit, so sagt man, ist besser als Gold, aber was man vielleicht nicht sagt, ist, dass es besser ist, Krankheiten vorzubeugen, als sie heilen zu müssen. Ihr Körper arbeitet jeden Tag sehr hart, um Krankheiten im Keim zu ersticken, und dieses Tonikum ist Ihr Beitrag dazu.

Zutaten:

- 2 Esslöffel Ingwer, in Scheiben geschnitten
- 2 Esslöffel Kurkuma, in Scheiben geschnitten
- 1 Zimtstange
- ½ Teelöffel schwarze Pfefferkörner
- 1 Teelöffel getrocknete Holunderblüten
- 2 Teelöffel Honig
- 6 frische Basilikumblätter

- 2 Esslöffel frischen Zitronensaft
- 3 Tassen Wasser

Anleitung:

1. Nehmen Sie einen kleinen Topf und geben Sie Ingwer, Kurkuma, Zimt und Pfefferkörner hinein.
2. Fügen Sie das Wasser hinzu und stellen Sie den Topf auf mittlere Hitze. Warten Sie, bis es zu simmern beginnt.
3. Reduzieren Sie nun die Hitze auf niedrig und lassen Sie es 10 Minuten ziehen.
4. Wenn die Zeit abgelaufen ist, nehmen Sie den Topf vom Herd und fügen Sie Basilikumblätter und Holunderblüten hinzu. Lassen Sie es noch 5 Minuten stehen, seihen Sie es dann durch ein Sieb.
5. Rühren Sie Zitronensaft und Honig unter.
6. Trinken Sie morgens und abends je 1 Tasse.

ACV-Immunitäts-Tonikum

Dies ist gute Gesundheit in einer Tasse und enthält nur drei leicht erhältliche Zutaten: Apfelessig mit seinen Probiotika, Enzymen, Vitaminen und Säure; Ingwer mit all seinen Antioxidantien, unter anderem; und schließlich antibakteriellen Honig. Es ist das perfekte Grippe-Tonikum.

Zutaten:

- 2 Esslöffel Apfelessig (mit der Mutter)
- 1 Teelöffel frischen Ingwer, gerieben
- 1 Esslöffel ungefilterten Honig
- 1 Tasse kochendes Wasser

Anleitung:

1. Gießen Sie das kochende Wasser in eine Tasse und rühren Sie den geriebenen Ingwer unter. Lassen Sie das 7 Minuten ziehen und seihen Sie es in eine andere Tasse ab, wenn Sie die Teilchen nicht mögen. Es ist aber Ingwer, also können Sie ihn kauen, während Sie trinken. Wenn Sie das nicht möchten, seihen Sie ihn ab.
2. Als nächstes rühren Sie den Apfelessig unter.

3. Fügen Sie den Honig hinzu und rühren Sie, bis er sich aufgelöst hat.
4. Bevor Sie trinken, halten Sie die Tasse unter Ihre Nase und atmen Sie den Dampf ein, dann trinken Sie.

Chinesischer Immunitäts-Tee

Die chinesische Medizin hat viele Ideen, wie Sie Ihr Immunsystem am besten unterstützen können, und dies ist nur eine davon. Amerikanischer Ginseng hilft dem Körper, sich an Stress anzupassen. Goji-Beeren sind süß und berühmt für ihre gesundheitlichen Vorteile, einschließlich der Unterstützung des Immunsystems. Mandarinen sind reich an Vitaminen, aber ihr zitrusartiger Geschmack ist Grund genug, sie jedem Rezept zuzufügen. Roter Tee enthält genug Antioxidantien, um all Ihre Zellen zu schützen, und chinesische Datteln sind süß und chewy. Zusammen ergeben sie etwas, das ebenso lecker wie gesund ist.

Zutaten:

- 3 Tassen Wasser
- 1 Mandarine, geschält und in Segmente geteilt
- 1 Amerikanische Ginsengwurzel
- 1 Esslöffel getrocknete Rotbuschteeblätter
- 2 chinesische Datteln
- 2 Teelöffel getrocknete Goji-Beeren

Anleitung:

1. Dämpfen Sie die Ginsengwurzel 1 Stunde lang, um sie aufzubrechen und für das Aufbrühen vorzubereiten.
2. Geben Sie die gedämpfte Ginsengwurzel in einen Topf und gießen Sie 3 Tassen Wasser darüber.
3. Stellen Sie den Topf auf mittlere Hitze und lassen Sie ihn stehen, bis er zu kochen beginnt. Wenn das passiert, reduzieren Sie die Hitze und lassen Sie alles 30 Minuten köcheln.
4. Schöpfen Sie 2 Esslöffel des Ginsengwassers ab und stellen Sie es beiseite. Bewahren Sie den Rest, Wurzel und Wasser, im Kühlschrank für maximal 14 Tage auf. Es reicht für zwei weitere Portionen.

5. Nehmen Sie eine Teekanne. Fügen Sie die Mandarinen, Rotbuschteeblätter, chinesischen Datteln und getrockneten Goji-Beeren hinzu.
6. Nehmen Sie die 2 Esslöffel Ginsengwasser, die Sie zuvor abgeschöpft haben, und gießen Sie sie über die Zutaten in der Teekanne.
7. Füllen Sie mit 1 Tasse kochendem Wasser auf. Lassen Sie das 4 Minuten ziehen, bevor Sie es in eine Tasse abseihen.
8. Geben Sie die Goji-Beeren zurück in den Tee und servieren Sie ihn.
9. Trinken Sie ihn warm und kauen Sie die Beeren, während Sie schlürfen.

Einfacher Tee bei Angst

Dies könnte genau das sein, was Sie brauchen, um sich zu entspannen oder in den Schlaf zu sinken. Mit nur vier Zutaten können Sie ihn nach einem langen, stressigen Tag zubereiten und sich etwas Ruhe gönnen.

Zutaten:

- 4 Esslöffel getrocknete Passionsblumen
- 2 Esslöffel getrockneter Lavendel
- 2 Esslöffel getrocknete Kamillenblüten
- 4 Esslöffel getrockneter Hibiskus

Anleitung:

1. Bringen Sie 2 Tassen Wasser in einem kleinen Topf zum Kochen.
2. Wenn es kocht, schalten Sie die Hitze aus und gießen Sie das Wasser in eine Tasse oder Teekanne.
3. Geben Sie die Passionsblumen, Lavendel, Kamille und Hibiskus ins Wasser.
4. Lassen Sie sie 5 Minuten ziehen.
5. Seihen Sie es durch ein Sieb und servieren Sie es.
6. Trinken Sie 1 oder 2 Tassen davon, um den Geist zu beruhigen.

Leberentgiftungs-Tonikum

Ihre Leber ist das größte Organ in Ihrem Körper und hat eine lange Liste von Funktionen, einschließlich der Filterung von Giftstoffen aus Ihrem Blut, der Produktion von Galle und der Speicherung von Nährstoffen. Dies ist harte Arbeit, und manchmal sammeln sich Giftstoffe in der Leber an und verlangsamen ihre Funktion. Eine Leberentgiftung ist jeder Tee, der das Organ effektiv von Giftstoffen reinigen und Entzündungen reduzieren kann. Eine gesunde Leber bedeutet mehr Energie, bessere Verdauung und deutlich klarere Haut – drei Dinge, die sich jeder wünscht.

Zutaten:

- 3 Tassen Wasser
- 1 Teelöffel getrocknete Süßholzwurzel
- 3 Teelöffel getrocknete Klettenwurzel
- 3 Teelöffel getrocknete Löwenzahnwurzel
- 3 Teelöffel Mariendistelsamen
- 1 Teelöffel Bockshornkleesamen, zerkleinert
- 10 Kardamomkapseln, zerkleinert
- 3 Teelöffel Fenchelsamen
- 1 Teelöffel getrocknete Ringelblumenblätter
- 1 Teelöffel frischen Ingwer, gerieben
- Eine halbe Zitrone
- Honig

Anleitung:

1. Gib die Süßholzwurzel, Klettenwurzel, Löwenzahnwurzel, Mariendistelsamen, Bockshornkleesamen, Kardamomkapseln, Fenchelsamen und den geriebenen Ingwer in einen kleinen Topf.
2. Gieße das Wasser in den Topf und stelle ihn auf den Herd.
3. Lasse die Mischung für 10 Minuten ziehen.
4. Schalte die Hitze aus und füge die Ringelblumenblätter hinzu. Lass es weitere 5 Minuten ziehen.
5. Gieße den Tee durch ein Sieb in deine Tasse und rühre den Saft einer halben Zitrone ein.
6. Gib dann Honig hinzu, rühre um und serviere.
7. Trinke dies maximal 2 Mal täglich zwischen den Mahlzeiten.

8

TINKTUREN, SIRUPE UND OXYMELE

Tinkturen, Sirupe und Oxymele wurden bereits in Kapitel 1 vorgestellt, daher erübrigt sich eine langweilige Wiederholung, aber eine kurze Auffrischung für dieses Kapitel ist nur fair. Zur Erinnerung: Tinkturen werden durch Einlegen von Kräutern in Alkohol (oder Essig bzw. Glycerin) hergestellt; Sirupe sind Mischungen aus Kräuteraufgüssen (oder Tinkturen) und einem natürlichen Süßungsmittel (meist Honig, muss aber nicht sein); und schließlich sind Oxymele das Ergebnis, wenn man Kräuter in einer Mischung aus 2 Teilen Essig und 1 Teil Honig einlegt.

Essig, Alkohol, Glycerin, Honig und Wasser werden als Menstrua bezeichnet. In der Kräuterkunde versteht man unter einem Menstruum die Substanz, die verwendet wird, um chemische Verbindungen aus Kräutern zu extrahieren. Menstrua sind entweder alkoholisch oder nicht-alkoholisch, und nachdem du Wasser kennengelernt hast, bist du bereit, den Rest der Familie kennenzulernen.

Abbildung 29: Tinkturen, Sirupe und Oxymele sind eine nützliche Fertigkeit, die man mit natürlichen Zutaten erlernen kann. Quelle: *https://www.pexels.com/photo/small-clear-glass-bottles-with-dried-flowers-on-white-table-8450512/*

Alkoholische Menstrua

Tinkturen werden primär mit Alkohol hergestellt. Dies war schon seit Jahrtausenden in allen denkbaren Traditionen üblich. Den historischen Aufzeichnungen zufolge legten die alten Ägypter bereits vor 5000 Jahren Kräuter in Wein ein. Alkohol selbst soll noch weitere 5000 Jahre älter sein, sodass wir von insgesamt 10.000 Jahren Alkoholgebrauch sprechen. Niemand weiß genau, ob Alkohol absichtlich hergestellt oder zufällig entdeckt wurde, aber wir sind mehr als froh, dass es ihn gibt.

Alkohol eignet sich so hervorragend als Menstruum, weil er die Zellwände von Pflanzen durchdringen und möglichst viele nützliche chemische Verbindungen extrahieren kann – darunter Alkaloide, Glykoside, Harze und ätherische Öle. Für Tinkturen kann jede Art von Alkohol verwendet werden, solange sein Alkoholgehalt zwischen 40 % und 95 % liegt. Wodka, Brandy, Rum und hochprozentiger Getreidealkohol eignen sich also für deine Tinkturen.

Tinkturen sind die konzentrierteste Form pflanzlicher Heilmittel, und ihr großer Vorteil gegenüber anderen Formen ist, dass sie sehr schnell in den Blutkreislauf aufgenommen werden. Wasserbasierte Aufgüsse wirken nicht so schnell. Der Alkohol transportiert die pflanzlichen Wirkstoffe direkt in deinen Körper, wodurch Tinkturen die beste Wahl für Notfälle sind, die eine schnelle Reaktion erfordern, etwa bei einer Infektion.

Alkoholbasierte Heilmittel werden tropfenweise eingenommen, meist unter der Zunge, können aber auch in Wasser, Saft, Tee oder Smoothies gegeben werden. Der Alkoholgehalt ist zu gering, um eine berauschende Wirkung zu befürchten (sofern man nicht die ganze Flasche exzessiv trinkt), aber Schwangere, Kinder und Menschen mit Leber- oder Nierenproblemen sollten vorsichtshalber komplett auf Alkohol verzichten.

Nicht-alkoholische Menstrua

Glycerin

Glycerin ist eine hervorragende Alternative zu Alkohol für Tinkturen, allerdings heißen diese dann nicht Tinkturen, sondern Glycerite. Glycerin selbst ist eine klare, dicke, sirupartige Flüssigkeit, die natürlicherweise aus pflanzlichen Ölen extrahiert wird. Es ist leicht süß, sehr geschmeidig und äußerst viskos. Im Vergleich zu Alkohol ist es ungiftig und für alle unbedenklich – einschließlich Kinder, Schwangere und Menschen mit Leber- oder Nierenproblemen. Allerdings ist Glycerin weniger effektiv bei der Extraktion von ätherischen Ölen und Harzen. Das schmälert aber nicht seine Wirksamkeit, und ehrlich gesagt lieben Kinder es.

Als allgemeines Mischungsverhältnis gilt 1 Teil Kräuter zu 2 oder 4 Teilen Glycerin (ebenso wie bei Alkohol), aber das ist keine feste Regel. Lass dich also nicht davon abhalten, das Verhältnis je nach Rezept anzupassen. Solange deine Mischung ein bis zwei Monate zieht, erhältst du ein Glycerit, das bei richtiger Lagerung jahrelang haltbar ist.

Essig

Der Wirkstoff in Essig ist Essigsäure, die für seinen scharfen Geschmack sorgt, aber Essig enthält noch mehr. Dieses Menstruum enthält auch Spurenelemente, Enzyme und Probiotika, und diese chemische Zusammensetzung macht Essig besonders, weil er ein ganz anderes Profilon an sekundären Pflanzenstoffen aus Kräutern extrahiert als Alkohol, Glycerin oder Wasser. Essig löst Polyphenole, organische Säuren sowie wasserlösliche Vitamine und Mineralien heraus. Wenn du Kräuter in Essig einlegst, erhältst du also ein Endprodukt mit anderen therapeutischen Eigenschaften als eine alkoholische Tinktur oder ein Glycerit.

Jede Essigsorte ist geeignet, solange sie zwischen 4 und 7 % Essigsäure enthält. Wie Alkohol ist Essig selbstkonservierend, sodass deine Heilmittel nicht schnell verderben. Im Gegensatz zu Alkohol sind diese Mittel allerdings weniger potent, denn sie sollen sanfte, aber wirksame Tonika sein. Füge etwas Honig hinzu, und du erhältst ein Oxymel.

Honig

Honig ist einer der am besten lagerfähigen Naturstoffe der Welt. Er mag zwar als Menstruum nicht so potent sein wie Alkohol, hält sich aber genauso lange. Honig wird normalerweise nicht als eigenständiges Menstruum verwendet wie die anderen, er könnte es sein, wird aber immer in Kombination mit etwas anderem genutzt. Sirupe bestehen aus Kräuteraufgüssen plus Honig, Oxymele aus Essigaufgüssen plus Honig und Elixiere aus Alkoholaufgüssen plus Honig. Honig allein kann nicht die chemischen Substanzen extrahieren, die ein starkes Heilmittel ausmachen, aber als Feuchthaltemittel kann er wasserlösliche Verbindungen wie Tannine, Vitamine und Mineralien in einer Pflanze anziehen und herauslösen. Honig ist mehr als nur ein Süßungsmittel; er ist selbst ein potentes Heilmittel und in vielerlei Hinsicht auch ein Menstruum.

Hustensirup

Nach Zahnschmerzen sind Hustenanfälle das Schlimmste, besonders diese kitzelnden im Rachen, die dich einfach nur nerven wollen. Ein wirksamer Hustensirup sollte das beheben UND die Infektion bekämpfen. Dieser Sirup enthält antimikrobielle Kräuter und entzündungshemmende Gewürze PLUS Honig – ein antibakterielles, schleimhautschützendes Mittel, das die Membranen in deinem Rachen beruhigt (um das Kitzeln zu lindern) und gleichzeitig Bakterien bekämpft. Darüber hinaus schmeckt er köstlich, also 10/10.

Zutaten:

- 4 Tassen Wasser
- 6 Esslöffel frischer Thymian, gehackt

- 2 Esslöffel frischer Salbei, gehackt
- 4 Pfefferminztee-Beutel
- 2 Teelöffel Fenchelsamen
- 2 Teelöffel getrockneter Lavendel
- ½ Teelöffel Nelken, zerkleinert
- ½ Teelöffel Cayennepfeffer
- 2 Esslöffel frischer Ingwer, gerieben
- 2 Esslöffel Zitronenschale
- 700 Gramm ungefilterter Honig
- 6 Esslöffel Zitronensaft (oder 2 Zitronen)

Anleitung:

1. Gib Wasser, Thymian, Salbei, Pfefferminztee-Beutel, Fenchelsamen, Lavendel, Nelken, Cayennepfeffer, Ingwer und Zitronenschale in einen kleinen Topf.
2. Decke den Topf ab und lasse die Mischung 5 Minuten bei niedriger Hitze köcheln.
3. Nach 5 Minuten nimm den Deckel ab und erhöhe die Hitze auf mittlere Stufe. Lass die Mischung weitere 5 Minuten köcheln und einkochen, bis etwa eine Tasse Flüssigkeit übrig bleibt.
4. Hol ein feines Sieb und einen weiteren Topf. Gieße den Kräuteraufguss durch das Sieb in den sauberen Topf.
5. Füge dann den Honig und den Zitronensaft hinzu.
6. Stelle die Mischung wieder auf mittlere Hitze und rühre, bis sie eindickt.
7. Wenn die Konsistenz für dich sirupartig genug ist, siebe sie ein letztes Mal durch das Sieb, um eventuelle Honigkristalle zu entfernen.
8. Fülle den Hustensirup in ein sauberes Glasgefäß oder eine Flasche. Warte, bis er vollständig abgekühlt ist, bevor du ihn verschließt und in den Kühlschrank stellst.
9. Im Kühlschrank hält sich der Sirup bis zu einem Monat. Nimm täglich 1 bis 2 Esslöffel bei Husten. Hinweis: Gib dies nicht an kleine Kinder.

Hustensirup (für Kinder)

Die meisten Kräuter sind für den kindlichen Organismus zu stark, besonders in wirksamen Dosen, weshalb Eltern oft zu pharmazeutischen Produkten greifen, auch wenn sie selbst natürliche Heilmittel verwenden. Pharmazeutika haben natürlich ihren Platz im Gesundheitswesen, und du solltest immer deinen Kinderarzt konsultieren, bevor du Kindern Kräuter gibst. Dieser einfache Hustensirup kann jedoch zu Hause mit 100% kindgerechten Zutaten hergestellt werden und ist doppelt so wirksam. Wenn dein Kind also das nächste Mal mit Schnupfen aufwacht, musst du nur noch in deine Hausapotheke greifen.

Zutaten:

- ¼ Tasse ungefilterter Honig
- 1 Esslöffel frischer Ingwer, geschält und gerieben
- 2 Esslöffel Olivenöl
- ¼ Teelöffel gemahlener Zimt
- 2 Esslöffel Zitronensaft

Anleitung:

1. Gib Honig, Zitronensaft, Olivenöl, geriebenen Ingwer und gemahlenen Zimt in eine kleine Schüssel.
2. Verquirle die Zutaten, bis die Mischung gleichmäßig und cremig ist. Das war's.
3. Fülle den Hustensirup in eine kleine Flasche mit luftdichtem Verschluss.
4. Dosierung: 1 bis 2 Teelöffel zwei- bis dreimal täglich, jedoch nicht mehr als vier Mal.
5. Bewahre den Rest für bis zu 2 Wochen im Kühlschrank auf.

Fettverbrennungs-Tinktur

Es ist in Ordnung, wenn du glaubst, dein Stoffwechsel braucht einen kleinen Schub. Fett zu verbrennen ist schwer, bei manchen mehr als bei anderen, und es schadet nicht, den Prozess auf natürliche Weise zu unterstützen. Ingwer, Ginseng, Kreuzkümmel und Zimt sind hervorragend für die Verdauung, Fettverbrennung und Reduzierung von Entzündungen. Zwar ist kein einzelnes Präparat ein Wundermittel zur Gewichtsabnahme – du benötigst immer noch gesunde Ernährung, Bewegung und Lebensstiländerungen – aber diese Tinktur ergänzt eine gesunde Routine und gibt deinem Körper einen zusätzlichen Stoffwechselvorteil.

Zutaten:

- 2 Esslöffel frische Ginsengwurzel, in Scheiben geschnitten
- 2 Esslöffel frischer Ingwer, in Scheiben geschnitten
- 1 Esslöffel getrockneter Oregano
- 1 Esslöffel Kreuzkümmelsamen
- 1 Teelöffel schwarze Pfefferkörner
- 1 Esslöffel Fenchelsamen
- ¼ Tasse frische Luzerne, gehackt
- 1 Zimtstange
- 1 Teelöffel Chiliflocken oder Paprikapulver
- 300 ml Alkohol (mindestens 40%)

Anleitung:

1. Fülle ein sterilisiertes Glas mit Ingwer, Ginseng, Kreuzkümmel, Fenchelsamen, Zimtstange, Oregano, Pfefferkörnern und Luzerne. Streue die Chiliflocken/Paprika darüber.
2. Gieße so viel Alkohol in das Glas, dass die Kräuter vollständig bedeckt sind. Verschließe den Deckel fest und schüttele das Glas 30 Sekunden lang.
3. Bewahre das Glas 4 bis 6 Wochen an einem kühlen, dunklen Ort auf, damit die Kräuter ihre Wirkstoffe an den Alkohol abgeben können.
4. Während dieser Zeit schüttelst du das Glas ein- bis zweimal pro Woche für 10 Sekunden und stellst es dann zurück.
5. Nach Ablauf der Zeit seihe die Tinktur durch ein Sieb in eine sterilisierte Schüssel und fülle sie mit einem Trichter in eine Tropfflasche um.
6. Gib 1 bis 2 Tropfen unter deine Zunge und lasse sie einige Sekunden einwirken, bevor du sie schluckst oder deinem Kaffee oder Tee hinzufügst.
7. Nimm dies zweimal täglich ein.

Fire Cider

Fire Cider erlangte in den 70ern Berühmtheit und gehört seitdem in die Vorratskammer eines jeden Kräuterkundigen. Es ist etwas süß und etwas scharf – genau das Richtige, wenn die Grippesaison beginnt und du befürchtest, monatelang zu niesen und zu schniefen. Es ist ein bewährtes Stärkungsmittel für das Immunsystem, und du solltest wissen, wie du es herstellst.

Zutaten:

- 1 Tasse frischer Ingwer, geschält und gerieben
- 1 Tasse frischer Meerrettich, geschält und gewürfelt
- ¼ Tasse Kurkuma, geschält und gerieben
- 1 mittelgroße Zwiebel, in Scheiben geschnitten
- 2–3 Jalapeños, in Scheiben geschnitten
- 10 Knoblauchzehen, zerdrückt
- 3 Zimtstangen
- 6 Zweige frischen Thymians
- 3 Zweige frischen Rosmarins
- 1 Orange, in Scheiben geschnitten
- 1 Zitrone, in Scheiben geschnitten
- 5 Tassen unpasteurisierter Apfelessig
- 1–½ Tasse ungefilterter Honig

Anleitung:

1. Gib Ingwer, Meerrettich und Kurkuma in ein großes Glas.
2. Füge dann Zwiebeln und Knoblauch hinzu.
3. Schneide Zitrone und Orange (mit Schale) in Scheiben und lege sie ins Glas. Gib Jalapeños, Zimtstangen, Rosmarin und Thymian hinzu.
4. Fülle mit genug Apfelessig auf, bis alle Zutaten bedeckt sind.
5. Falls dein Glas einen Metalldeckel hat, lege ein Stück Backpapier dazwischen, da Essig mit Metall reagiert. Bei Kunststoffdeckel entfällt dieser Schritt.
6. Schüttele das Glas 30 Sekunden und lagere es 3–4 Wochen kühl und dunkel.

7. Erinnere dich täglich ans Schütteln, z.B. mit einer Notiz am Kühlschrank.
8. Nach der Ziehzeit filtere den Essig durch ein Tuch in ein anderes Glas. Presse die Pflanzenreste gut aus und entsorge sie.
9. Rühre ½ Tasse Honig ein und probiere. Falls nötig, füge den Rest hinzu.
10. Bewahre das Fire Cider bis zu 6 Monate im Kühlschrank oder Vorrat auf. Täglich 1–2 EL pur oder im Getränk einnehmen. Es eignet sich auch als Salatdressing.

Oxymel für Gehirngesundheit

Rosmarin, Ginkgo und Brahmi – allesamt bekannt zur Förderung der Gehirnfunktion – machen dieses Rezept unverzichtbar. Warte nicht, bis dein Gedächtnis nachlässt, sondern kümmere dich jetzt mit dieser einfachen, aber wirksamen Mischung darum.

Zutaten:

- Frische Rosmarinzweige, ausreichend um ein mittelgroßes Glas fast bis oben zu füllen
- ½ Tasse frische Ginkgoblätter
- ¼ Tasse frisches Brahmi
- 2 Teile unpasteurisierter Apfelessig
- 1 Teil ungefilterter Honig

Anleitung:

1. Gib den Rosmarin in ein Glasgefäß.
2. Füge dann Ginkgoblätter und Brahmi hinzu.
3. Füge Apfelessig hinzu und dann den Honig obenauf.
4. Lege ein Stück Backpapier zwischen Deckel und Glas, falls der Deckel aus Metall ist.
5. Schüttele das Glas 30 Sekunden lang und stelle es für einen Monat ins Regal.
6. Schüttele es täglich, und nach wenigen Tagen wirst du bemerken, dass der Honig sich vollständig aufgelöst hat.

7. Nach einem Monat, wenn der Oxymel fertig ist, siebe ihn durch ein feines Sieb oder belasse die Kräuter darin. Das bleibt dir überlassen.
8. In beiden Fällen hält er sich bei Raumtemperatur fast zwei Jahre lang.
9. Nimm täglich nicht mehr als 3 Esslöffel, entweder pur oder in Wasser, Tee oder Saft.

9

NATÜRLICHE HAUTPFLEGE UND KÖRPERBEHANDLUNGEN

Pflanzliche Kosmetik ist genauso wichtig wie Tinkturen und Tees, denn sie behandeln die Haut - ein Organ. Ja, die Haut ist ein Organ. Tatsächlich ist sie das größte Organ, das Sie besitzen. Was Sie sehen, wenn Sie Ihre Haut betrachten, ist die Epidermis, aber das ist nur eine Schicht, die äußerste Schicht, bestehend aus dicht gepackten Keratinozyten (abgestorbenen flachen Zellen), die eine wasserabweisende Schutzschicht über den anderen beiden Schichten bilden.

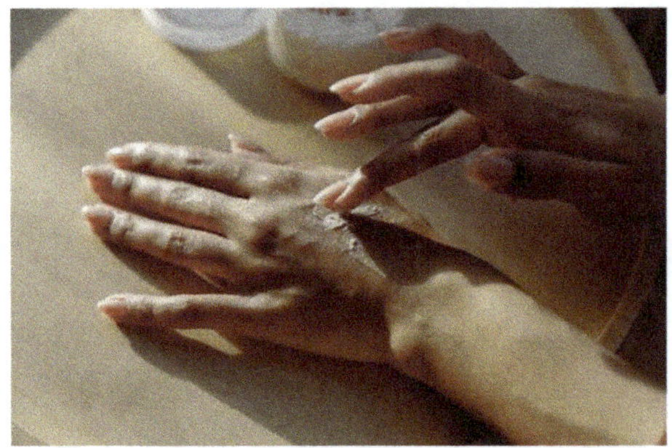

Abbildung 30: Natürliche Hautpflegemittel. Quelle:
https://www.pexels.com/photo/close-up-photo-of-hands-with-lotion-7219915/

Unter der Epidermis liegt die Dermis, die dickste Schicht. Hier befinden sich Blutgefäße, Nerven, Schweißdrüsen und Haarfollikel. Die Dermis verleiht Ihrer Haut ihre Festigkeit, Elastizität und Empfindungsfähigkeit. Darunter liegt die Hypodermis. Dies ist die tiefste Hautschicht. Hier finden Sie

Fettzellen, die Isolierung, Polsterung und Energiespeicherung für Ihren Körper bieten. Ihre Muskeln und Knochen sind über diese Schicht mit der Haut verbunden.

Ihre Hautpflegeroutine versorgt die ersten beiden Hautschichten mit Wirkstoffen. Die meisten dieser Wirkstoffe bleiben auf der ersten Schicht, um Feuchtigkeitsverlust zu verhindern, die Hautbarriere zu erhalten und vor UV-Strahlung zu schützen, während einige wenige tiefer eindringen, um die Elastizität und Kollagenproduktion zu unterstützen.

Pflanzliche Kosmetik ist eine Alternative zu herkömmlichen Hautpflegeprodukten, die immer teurer werden. Zudem werden Sie überrascht sein, wie viele Menschen sich unwohl fühlen, wenn sie nicht genau wissen, was in diesen teuren Flaschen enthalten ist. Einige Unternehmen bemühen sich um Transparenz, aber das hat Grenzen. Die Alternative – pflanzliche Kosmetik – ist einfach sinnvoll. Sie wissen genau, was Sie Ihrer Haut zuführen, und Sie geben viel weniger für dieselbe gesunde, strahlende Haut aus.

Natürlich kann nicht jedes Hautpflegeprodukt zu Hause hergestellt oder nachgeahmt werden (von Sonnenschutz ganz zu schweigen), aber die grundlegenden Produkte schon, und meistens sind die Basics alles, was Sie brauchen, denn bei der Haut gilt: Weniger ist oft mehr.

Dampfbäder und Gesichtswasser

Feuchtigkeitsspendendes Kamillen-Gesichtswasser

Sie müssen sich nicht zwischen einem feuchtigkeitsspendenden Gesichtswasser und der Bezahlung Ihrer Telefonrechnung entscheiden. Beides ist möglich. Dieses Rezept enthält einige der feuchtigkeitsspendendsten Inhaltsstoffe überhaupt und ist in weniger als 10 Minuten fertig.

Zutaten:

- 1 Tasse Rosenwasser
- ¼ Tasse Hamameliswasser
- ¼ Tasse Aloe-Vera-Saft
- Lavendel ätherisches Öl

- Kamille ätherisches Öl

Anleitung:

1. Wasche und trockne eine leere Sprühflasche.
2. Gieße das Rosenwasser, Hamameliswasser und Aloe-Vera-Saft in die gereinigte Sprühflasche.
3. Füge 8 Tropfen Lavendel ätherisches Öl und 8 Tropfen Kamille ätherisches Öl hinzu.
4. Schraube den Flaschenverschluss auf und schüttle die Flasche, um die Inhaltsstoffe zu vermischen.
5. Sprühe dies großzügig auf die feuchte Haut nach der Reinigung oder verwende ein Wattepad.
6. Warte, bis das Gesichtswasser in die Haut eingezogen ist, bevor du mit den nächsten Schritten deiner Hautpflegeroutine fortfährst.
7. Im Kühlschrank hält sich dies bis zu einer Woche. Falls Sie auf das Aloe Vera verzichten, mindestens 6 Monate.

Schonendes Gesichtswasser

UV-Strahlung, Stress und hormonelle Schwankungen verlangen nach einer Extraportion Pflege – genau dafür ist dieses Gesichtswasser da. Es eignet sich für alle Hauttypen, wurde aber besonders für sensible oder geschädigte Haut entwickelt.

Zutaten:

- ½ Tasse Rosenwasser
- 2 Esslöffel grünen Tee (aufgebrüht und abgekühlt)
- 1 Esslöffel Kamillentee (aufgebrüht und abgekühlt)
- 7 Tropfen Rosenöl
- 5 Tropfen Lavendelöl

Zubereitung:

1. Rosenwasser, grünen Tee und Kamillentee in eine Sprühflasche geben.
2. Flasche verschließen und schütteln.
3. Deckel entfernen und Rosen- sowie Lavendelöl hinzufügen.

4. Erneut verschließen und schütteln.
5. Maximal 1-2 Wochen im Kühlschrank aufbewahren.

Strahlendes Gesichtswasser

Dieses Gesichtswasser wird Ihr neues Wundermittel, wenn Sie bereits fast alles probiert haben, um den brennenden Durst Ihrer Haut zu stillen – ohne Erfolg. Manche Haut ist wählerisch, aber mit diesem Toner kam bisher jede Haut zurecht. Wenn Sie wüssten, was in jeder Zutat steckt, würden Sie verstehen, warum.

Zutaten:

- 1 Tasse Rosenwasser
- ¼ Tasse Hamamelis
- 2 Esslöffel pflanzliches Glycerin
- 5 Tropfen Geranienöl
- 3 Tropfen Neroliöl

Zubereitung:

1. Rosenwasser, Hamamelis und Glycerin in eine sterile Sprühflasche füllen.
2. Die ätherischen Öle hinzufügen und Flasche verschließen.
3. 30 Sekunden bis eine Minute kräftig schütteln.
4. Nur auf gereinigter Haut auftragen und einziehen lassen, bevor Sie das nächste Pflegeprodukt verwenden.
5. Im Kühlschrank 2 Wochen haltbar.

Einfaches Gesichtsdampfbad

Gesichtsdämpfen ist eines der weniger bekannten Beauty-Geheimnisse, aber wenn Sie es einmal ausprobiert haben, werden Sie nicht mehr darauf verzichten wollen. Es ist ganz simpel – Sie halten Ihr Gesicht über Dampf, aber nicht irgendeinen, sondern mit Kräutern angereicherten Dampf nach Wahl. Dieses Rezept ist individuell anpassbar, Sie können die Kräuter nach Belieben austauschen.

Zutaten:

- 6 Tassen Wasser
- 2 Esslöffel getrocknete Kamillenblüten
- 2 Löwenzahntee-Beutel
- 4 Lorbeerblätter

Zubereitung:

1. Wasser in einem mittelgroßen Topf zum Kochen bringen.
2. Bei kochendem Wasser Kamille, Löwenzahn und Lorbeerblätter hinzufügen.
3. 7 Minuten köcheln lassen, dann Hitze abstellen.
4. Das Kräuterwasser in eine ausreichend große Schüssel gießen.
5. Beugen Sie sich über die Schüssel, sodass Ihr Gesicht direkt über dem Dampf ist.
6. Ein Handtuch über den Kopf legen, um den Dampf einzufangen.
7. Atmen Sie den Dampf ein und lassen Sie ihn Ihre Haut erwärmen, die Poren öffnen und reinigen.
8. Machen Sie Pausen, wenn nötig, doch idealerweise bleiben Sie 5-10 Minuten dabei.
9. Damit ist die Behandlung abgeschlossen.
10. Lassen Sie Ihr Gesicht an der Luft trocknen oder tupfen Sie es mit einem sauberen Handtuch ab.

Lippenpflege, Peeling und Lotion

Natürlicher getönter Lippenbalsam

Was sagt man über traurige, spröde Lippen? Nichts, denn jeder möchte weiche, gepflegte Lippen. Es gibt unzählige Lippenpflegeprodukte, aber Sie müssen kein einziges kaufen – nicht wenn Sie zu Hause beliebig viele selbst herstellen können.

Zutaten:

- 2 Esslöffel Bienenwachs
- 2 Esslöffel Mangobutter
- 1 ½ Esslöffel Jojobaöl
- ¼ Teelöffel Rote-Beete-Pulver
- 1 Vitamin-E-Öl-Kapsel

Anleitung:

1. Falls du kein Doppelkocher zur Verfügung hast, kannst du improvisieren, indem du einen Topf und eine hitzebeständige Schüssel verwendest.
2. Fülle einen kleinen Topf mit Wasser und erhitze ihn bei mittlerer Hitze, bis es kocht. Schalte dann die Hitze aus.
3. Gib Bienenwachs, Mangobutter und Jojobaöl in die hitzebeständige Schüssel.
4. Stelle die Schüssel auf das heiße Wasser und warte, bis die Inhaltsstoffe schmelzen.
5. Sobald dies geschieht, beginne mit einem Schneebesen oder Löffel umzurühren.
6. Nimm die Schüssel vom Herd, sobald Wachs und Öle flüssig und gut vermischt sind.
7. Jetzt rührst du das Rote-Beete-Pulver unter.
8. Öffne die Vitamin-E-Kapsel und gib das Öl in die Schüssel. Rühre erneut.
9. Fülle den getönten Lippenbalsam in leere Lippenpflegestifte oder kleine Dosen.
10. Lass den Lippenbalsam auf Raumtemperatur abkühlen, dann wird er fest, bleibt aber streichfähig.
11. Haltbarkeit: 3 Monate.

Haferflocken-Peeling

Bei Körperpeeling denkt man nicht zuerst an Haferflocken, aber du wirst überrascht sein, was sie für deine Haut tun können, wenn du sie mit Lavendel, Matchapulver und braunem Zucker kombinierst. Erprobt und bewährt.

Zutaten:

- 1 Tasse Haferflocken, zu Pulver gemahlen
- ½ Tasse getrocknete Lavendelblüten, zerrieben
- ¼ Tasse Matchapulver
- ¼ Tasse brauner Zucker
- ¼ Tasse Süßmandelöl

- 2 Esslöffel unfiltrierter Honig

Anleitung:

1. Nimm eine mittelgroße Schüssel und gib das Haferflockenpulver, zerkleinerten Lavendel, Matchapulver und braunen Zucker hinein. Rühre gut um, um die trockenen Zutaten zu vermischen.
2. Als nächstes kommen die flüssigen Zutaten. Füge Mandelöl und Honig hinzu.
3. Verwende einen Löffel oder Spatel, um die flüssigen mit den trockenen Zutaten zu vermengen, bis ein dickes aber streichfähiges Peeling entsteht.
4. Fülle die Mischung in ein sterilisiertes Gefäß mit Deckel und verwende es innerhalb von 6 Monaten.

Kaffee-Peeling

Kaffee ist abrasiver als Haferflocken, daher eignet sich dieses Rezept für hartnäckige, schuppige Haut. Besonders bei trockener Haut ist dieses Peeling ideal, da es stark peelend und gleichzeitig doppelt so pflegend wirkt. Koffein hilft auch, Cellulite zu reduzieren.

Zutaten:

- 1 Tasse gemahlener Kaffee
- ½ Tasse brauner Zucker
- ¼ Tasse unraffinierte Sheabutter
- 2 Esslöffel natives Kokosöl
- 8 Tropfen Orangenöl
- 5 Tropfen Zitronenöl

Anleitung:

1. Vermische gemahlenen Kaffee und braunen Zucker in einer Schüssel.
2. In einer zweiten Schüssel schmelze Sheabutter und Kokosöl entweder in der Mikrowelle oder über einem improvisierten Wasserbad.
3. Lass es leicht abkühlen, bevor du es zu den trockenen Zutaten gibst. Füge dann die ätherischen Öle hinzu und vermische alles mit einem Spatel.

4. Bewahren Sie das Peeling in einem sterilisierten Behälter auf und verwenden Sie es innerhalb von 6 Monaten.

Shea Body Butter

Nicht nur Ihr Gesicht verdient Verwöhnung. Ihr ganzer Körper sollte dieselbe luxuriöse Behandlung erfahren, und das beginnt mit Ihrer Körperlotion. Kokosöl und Sheabutter, verfeinert mit Aprikosenkernöl und Vitamin-E-Öl, versorgen Ihre Haut überall mit Feuchtigkeit und verleihen ihr eine samtene Textur.

Zutaten:

- ½ Tasse unraffiniertes Sheabutter (verwenden Sie raffinierte Sheabutter, wenn Sie den Geruch der unraffinierten Version nicht mögen und auf einige Hautvorteile verzichten können)
- ¼ Tasse natives Kokosöl
- 2 Esslöffel geraspeltes Bienenwachs
- ¼ Tasse Aprikosenkernöl
- 1 Teelöffel Vanilleextrakt
- 1 Teelöffel Vitamin-E-Öl

Anleitung:

1. Richten Sie einen Wasserbad mit einer hitzebeständigen Schüssel und einem mittelgroßen Topf ein.
2. Füllen Sie den Topf mit etwa 5 cm Wasser und erhitzen Sie ihn bei mittlerer Hitze bis zum Kochen.
3. Geben Sie die Sheabutter, Kokosöl und Bienenwachs in die Schüssel.
4. Stellen Sie die Schüssel auf den Topf mit Wasser und schalten Sie die Hitze aus.
5. Lassen Sie die Zutaten schmelzen und rühren Sie sie, bis sie vollständig flüssig und vermischt sind.
6. Nach dem Schmelzen nehmen Sie die Schüssel vom Wasserbad und rühren das Aprikosenkernöl unter.
7. Fügen Sie anschließend den Vanilleextrakt und das Vitamin-E-Öl hinzu. Nochmals umrühren.

8. Lassen Sie die Mischung vollständig auf Raumtemperatur abkühlen, dann stellen Sie die Schüssel für 1 Stunde in den Kühlschrank, bis die Butter fast fest ist.
9. Nehmen Sie sie aus dem Kühlschrank und schlagen Sie die Butter mit einem Handrührgerät, bis sie luftig und cremig wird.
10. Füllen Sie die geschlagene Body Butter in sterilisierte Behälter und bewahren Sie sie bis zu 6 Monaten auf.

Kräuter-Körperöl

Wenn Sie Kamille, Ringelblume und Rosmarin in pflegendes Mandel- und Jojobaöl ziehen lassen, erhalten Sie ein hydratisierendes, entzündungshemmendes Körperöl, das auch als Massageöl dient.

Zutaten:

- 1 Tasse süßes Mandelöl
- ½ Tasse Jojobaöl
- ¼ Tasse getrocknete Kamillenblüten
- 2 Esslöffel getrocknete Ringelblumenblüten
- 1 Esslöffel getrocknete Rosmarinblätter
- 8 Tropfen ätherisches Lavendelöl (oder ein anderes nicht phototoxisches ätherisches Öl)

Anleitung:

1. Gießen Sie das Mandelöl und Jojobaöl in ein Glasgefäß.
2. Fügen Sie die Kamillenblüten, Ringelblumen und Rosmarinblätter zur Ölmischung hinzu.
3. Geben Sie 8 Tropfen Ihres bevorzugten ätherischen Öls hinzu. Hier verwenden wir Lavendel.
4. Schließen Sie das Glas und bewahren Sie es fern von direktem Sonnenlicht auf.
5. Die Kräuter benötigen 4 bis 6 Wochen, um ihre Wirkstoffe an die Öle abzugeben.
6. Schütteln Sie das Glas zweimal pro Woche für 10 Sekunden.
7. Nach Ablauf der Zeit seihen Sie das Öl durch ein Sieb in ein sauberes Gefäß ab. Sie können die Kräuter alternativ auch im Öl belassen,

während Sie es verwenden.

8. Dieses Körperöl hält sich 6 bis 12 Monate.

Natürliche Deodorants & Haarspülungen

Zitroniges Aluminiumfreies Deodorant

Nehmen Sie Ihr gekauftes Deodorant und sehen Sie sich die Inhaltsstoffe an. Finden Sie Aluminium? Triclosan? Diese Inhaltsstoffe verhindern unangenehme Gerüche, aber wissen Sie, wie sie das tun? Aluminium blockiert Ihre Schweißdrüsen, verstopft sie buchstäblich, sodass Sie weniger schwitzen. Doch als Mensch müssen Sie schwitzen, um Ihren Körper zu kühlen. Schweiß ist auch ein Mittel zur Entgiftung. Triclosan, der andere Inhaltsstoff, ist ein antimikrobieller Wirkstoff, der geruchsverursachende Bakterien abtötet – doch es gibt einen Haken: Triclosan kann Hormone stören und antibiotikaresistente Bakterien fördern. Und dies sind nur zwei von vielen anderen bedenklichen Inhaltsstoffen in zahllosen synthetischen Deodorants. Natürliche Deodorants verstopfen nicht Ihre Schweißdrüsen oder töten Bakterien (außer Sie verwenden Teebaumöl), sondern lassen Sie wie gewohnt schwitzen und neutralisieren gleichzeitig geruchsverursachende Verbindungen im Schweiß. Es ist sicherer und sehr einfach, es zu Hause herzustellen.

Zutaten:

- 2 ½ Esslöffel unraffiniertes Kokosöl
- 2 ½ Esslöffel unraffinierte Sheabutter
- ¼ Tasse Pfeilwurzstärke
- 1 ½ Esslöffel Natron
- 6 Tropfen Wild-Orange-Ätherisches Öl
- 6 Tropfen Rosen-Ätherisches Öl
- 1 Tropfen Teebaum-Ätherisches Öl (wenn Sie empfindlich auf Teebaumöl reagieren, bitte weglassen)

Anleitung:

1. Einen Topf mit Wasser auf mittlerer Hitze erhitzen. Wenn es kocht, die Hitze abstellen.

2. Nehmen Sie eine kleine hitzebeständige Schüssel und geben Sie Kokosöl und Sheabutter hinein.
3. Mit einer Gabel oder den Fingern die Öle zerdrücken und vermischen.
4. Die Schüssel über den Topf mit heißem Wasser stellen und warten, bis die Öle schmelzen. Während des Schmelzens umrühren, um eine gut vermischte Ölmischung zu erhalten.
5. Wenn die Öle geschmolzen und vermischt sind, Pfeilwurzstärke und Natron hinzufügen. Rühren, bis eine cremige Paste entsteht.
6. Nun die ätherischen Öle hinzufügen und mit dem Deodorant verrühren.
7. Die Mischung in saubere Dosen füllen und auf Raumtemperatur abkühlen lassen. Wenn sie nicht fest wird, für eine Stunde in den Kühlschrank stellen.
8. Zur Anwendung die Achseln zunächst anfeuchten, dann eine kleine Menge Deodorant entnehmen und in die Haut einmassieren.
9. Hält mindestens 6 Monate.

Kräuterspülung bei Haarbruch

Diese Kräuterspülung enthält Wirkstoffe, die in die Kopfhaut einziehen und beschädigtes Haar von der Wurzel bis in die Spitzen pflegen. Klettenwurzel stärkt die Haarfollikel, sodass sie nicht so leicht brechen, Beinwell regt neues Haarwachstum an, Ringelblume berührt etwaige Reizungen durch Juckreiz, und Grüntee liefert mehr als genug Antioxidantien.

Zutaten:

- 2 Esslöffel getrocknete Grünteeblätter
- 2 Esslöffel getrocknete Ringelblumenblüten
- 2 Esslöffel getrocknete Klettenwurzel
- 2 Esslöffel getrocknete Beinwellblätter
- 6 Tassen Wasser

Anleitung:

1. Wasser in einem mittelgroßen Topf zum Kochen bringen.

2. Wenn das Wasser kocht, die Klettenwurzel hinzufügen und den Topf abdecken. 15 Minuten köcheln lassen.
3. Die Hitze abstellen und Grünteeblätter, Ringelblumen und Beinwellblätter hinzufügen.
4. Umrühren und den Topf abdecken. 7 Minuten ziehen lassen.
5. Die Flüssigkeit durch ein Sieb in eine saubere Schüssel abgießen.
6. Die Spülung sollte auf eine angenehme Temperatur abkühlen, die Sie über Ihren Kopf gießen können.
7. Während sie abkühlt, das Haar wie gewohnt shampoonieren. Dann die abgekühlte Spülung über die Kopfhaut und Haare gießen. Einmassieren und 5 Minuten einwirken lassen, bevor Sie sie ausspülen. Sie können die Spülung auch als Leave-in-Behandlung belassen.
8. Zweimal pro Woche anwenden, um das Haar zu stärken und zu pflegen.

Kräuterspülung für fettiges Haar

Ihre Kopfhaut benötigt Öl, aber zu viel Öl kann die Haarporren verstopfen und ideale Bedingungen für Pilze schaffen. Diese Spülung ist darauf ausgerichtet, überschüssiges Öl zu entfernen und die Talgproduktion zu regulieren.

Zutaten:

- 1 Tasse getrocknete Beinwellwurzel
- 1 Tasse getrocknete Klettenwurzel
- 1 Tasse getrockneter Rosmarin
- 2 Tassen getrocknete Brennnesselblätter
- 1 Teelöffel Natron
- 6 Tassen Wasser

Anleitung:

1. Einen mittelgroßen Topf mit Wasser zum Kochen bringen.
2. Wenn das Wasser kocht, nur die Wurzeln ins kochende Wasser geben.

3. Den Topf abdecken und 15 Minuten köcheln lassen, bevor die Hitze abgestellt wird.
4. Die restlichen Kräuter hinzufügen und den Topf wieder abdecken. 7 Minuten ziehen lassen.
5. Den Aufguss in eine andere Schüssel abseihen und auf Raumtemperatur abkühlen lassen.
6. Das Natron einrühren.
7. Zuerst das Haar shampoonieren und ausspülen, dann mit der Kräuterspülung behandeln.
8. In die Kopfhaut einmassieren und nach 5 Minuten abspülen. Die Spülung nicht belassen, da Natron enthalten ist.

Kräutermaske für Haarwachstum

Ihr Haar wächst ständig, aber Sie sehen die zusätzlichen Zentimeter nicht, weil Sie gleichzeitig Haar verlieren. Um langes, gesundes Haar zu bekommen, müssen Sie Haarbruch reduzieren oder verhindern, Ihr Haar pflegen und die Haarporen befreien. Diese Haarmaske enthält Wirkstoffe für alle drei Aspekte.

Zutaten:

- 1 Teil frischer Aloe-Vera-Saft
- 2 Teile ungefilterter Honig
- 2 Teile Olivenöl
- 2 Teile kaltgepresstes Rizinusöl
- 1 Teil Neempulver

Anleitung:

1. Die genaue Menge der Zutaten hängt von Haartyp und -länge ab, aber das ist das Verhältnis.
2. Aloe-Vera-Saft, Honig, Olivenöl und Rizinusöl in eine Schüssel geben. Gut mit einer Gabel oder einem Schneebesen verrühren.
3. Das Neempulver einstreuen und nochmals umrühren.
4. Das Haar shampoonieren und das feuchte Haar in Strähnen teilen.
5. Die Maske großzügig von den Wurzeln bis in die Spitzen auftragen.

6. Wenn alle Haare mit der Maske bedeckt sind, drei Minuten lang in die Kopfhaut einmassieren.
7. Eine Duschhaube aufsetzen und die Maske 45 bis 60 Minuten einwirken lassen.
8. Mit lauwarmem Wasser ausspülen, dann mit kaltem Wasser die Haarspitzen versiegeln.

10

KRÄUTER-ERSTE-HILFE-SET

Abbildung 31: Es gibt viele Kräuterheilmittel gegen Beschwerden. Quelle: https://www.pexels.com/photo/variety-of-dried-herbs-and-fabric-bags-8329336/

Kräuterheilmittel für häufige Beschwerden

Zimt-Knoblauch-Tonikum gegen Erkältung

Warten Sie nicht, bis Sie eine ausgewachsene Erkältung haben, um dieses Tonikum herzustellen. Sobald Ihre Nase anfängt zu kitzeln oder Ihr Rachen juckt, trinken Sie davon - und zwar reichlich.

Zutaten:

- 3 Tassen Wasser
- Apfelessig (oder Balsamico-Essig)

- Ungefilterter Honig
- 1 Zimtstange
- 3 Knoblauchzehen, geschält und gewürfelt

Anleitung:

1. Gießen Sie das ganze Wasser in einen kleinen Topf.
2. Messen Sie 3 Esslöffel Balsamico-Essig und 3 Esslöffel Honig ab und geben Sie sie zum Wasser.
3. Brechen Sie die Zimtstange in zwei Hälften und geben Sie sie ebenfalls ins Wasser.
4. Fügen Sie den gehackten Knoblauch hinzu.
5. Stellen Sie den Topf auf mittlere Hitze und warten Sie, bis das Tonikum köchelt. Wenn Blasen aufsteigen, stellen Sie einen Timer auf 7 Minuten und lassen Sie die Zutaten kochen.
6. Seihen Sie das Tonikum durch ein Sieb in eine Tasse.
7. Trinken Sie dies bis zu 4 Mal täglich, wenn Sie eine Erkältung spüren.

Migräne-Tinktur

Frei verkäufliche Medikamente wirken nicht immer bei Migräne. Niemand weiß warum, aber wenn Ihr Kopf pocht, interessiert Sie das Warum weniger als das, was tatsächlich hilft. Mutterkraut ist entzündungshemmend, Weidenrinde enthält Salicylate, die ähnlich wie Aspirin wirken, Zitronenmelisse entspannt die Muskeln - auch die um den Schädel - und Ingwer erweitert die Blutgefäße bei Kopfschmerzen durch Gefäßverengung.

Zutaten:

- 2 Tassen getrocknete Mutterkrautblätter
- 2 Tassen getrocknete Weidenrinde
- 2 Tassen getrocknete Zitronenmelisse
- 2 Tassen getrocknete Ingwerwurzel
- Hochprozentiger Alkohol (Lebensmittelqualität)

Anleitung:

1. Sie benötigen ein großes, luftdichtes Glasgefäß.

2. Geben Sie Mutterkrautblätter, Weidenrinde, Zitronenmelisse und Ingwerwurzel in das Glas.
3. Gießen Sie so viel Alkohol über die Kräuter, dass sie bedeckt sind, und verschließen Sie das Glas.
4. Bewahren Sie es einen Monat lang kühl und dunkel auf.
5. Schütteln Sie das Glas einmal täglich.
6. Nach einem Monat haben Sie eine Tinktur. Seihen Sie sie durch ein Tuch, um die Feststoffe zu entfernen, und füllen Sie die Flüssigkeit in Pipettenflaschen mit dunklem Glas.
7. Bei Migräne geben Sie 1 Pipette unter die Zunge und warten 60 Sekunden, bevor Sie schlucken. Wiederholen Sie dies bei Bedarf alle 5 Stunden.

Salbe gegen Insektenstiche

Im Sommer sind alle unterwegs - auch Insekten, die ohne Zögern zubeißen. Breitwegerich ist ein natürliches Antihistaminikum und entzündungshemmend, Teebaumöl wirkt antiseptisch. Kombiniert mit den pflegenden Emollentien in diesem Rezept setzt die Linderung fast sofort ein.

Zutaten:

- ⅛ Tasse frische Breitwegerichblätter, in Stücke geschnitten
- ½ Tasse natives Kokosöl
- 2 Esslöffel Bienenwachs, geraspelt
- 6 Tropfen Teebaumöl

Anleitung:

1. Erhitzen Sie Kokosöl und Bienenwachs im Wasserbad oder einem hitzebeständigen Schüsselchen über kochendem Wasser, bis es geschmolzen ist.
2. Nehmen Sie es nicht sofort vom Herd. Fügen Sie Breitwegerichblätter hinzu und lassen Sie sie 15 Minuten im heißen Öl ziehen.
3. Sie können die Blätter abseihen oder im Öl belassen.
4. Warten Sie 3 Minuten, bevor Sie Teebaumöl einrühren.
5. Füllen Sie die flüssige Salbe in ein Glas. Lassen Sie sie fest werden, bevor Sie den Deckel aufschrauben.

6. Reiben Sie erbsengroße Mengen bis zu 4 Mal täglich in den Stich ein.

Schnelle Hilfe bei Zahnschmerzen

Zahnschmerzen gehören zu den schlimmsten Empfindungen des Menschen - aber wie immer hat die Natur eine Lösung.

Zutaten:

- 1 Tasse ganze Nelken
- ¼ Tasse getrocknetes Myrrhenharz
- ¼ Tasse Goldensealpulver
- 1 Teelöffel Cayennepfeffer
- 2 Teelöffel Zimtpulver
- Wodka oder hochprozentiger Alkohol

Anleitung:

1. Geben Sie Nelken, Myrrhenharz, Goldenseal, Cayennepfeffer und Zimtpulver in ein Glasgefäß.
2. Füllen Sie das Glas mit Alkohol auf.
3. Verschließen Sie es und schütteln Sie es, bevor Sie es trocken und dunkel lagern.
4. Lassen Sie die Kräuter 4 Wochen ziehen - schütteln Sie die Mischung 3 Wochen lang täglich.
5. In der letzten Woche nicht berühren, damit sich das Pulver absetzt. So erhalten Sie eine klare Tinktur oben, ohne viel Filterverluste.
6. Nach 4 Wochen gießen Sie die Tinktur bis zum Sediment ab. Dieses kann durch ein Sieb und Kaffeefilter zusätzlich extrahiert oder entsorgt werden.
7. Füllen Sie die Tinktur in Pipettenflaschen und beschriften Sie sie.
8. Tränken Sie bei Zahnschmerzen einen Wattebausch und legen Sie ihn direkt auf den Zahn. Nach 20 Minuten ausspucken.

Ingwer-Kurkuma-Fiebertonikum

Ingwer wärmt und fördert die Durchblutung - kombiniert mit entzündungshemmendem Kurkuma in einem Oxymel erhalten Sie zusätzliche Gesundheitsvorteile und ein noch wirksameres Tonikum gegen Fieber.

Zutaten:

- ½ Tasse frischer Ingwer, geschält und in Scheiben
- ¼ Tasse frischer Kurkuma, geschält und in Scheiben
- ½ Tasse ungefilterter Honig
- Apfelessig

Anleitung:

1. Geben Sie Ingwer- und Kurkumascheiben in ein sterilisiertes Glas.
2. Füllen Sie mit Apfelessig auf, bis die Zutaten bedeckt sind.
3. Decken Sie mit Honig ab und verschließen Sie das Glas.
4. Lassen Sie es an einem dunklen Ort 2 Monate ziehen und schütteln Sie es alle paar Tage.
5. Nach der Ziehzeit können Sie die Zutaten belassen oder die Tinktur durch ein Sieb abseihen.
6. Nehmen Sie bei Fieber bis zu 6 Esslöffel täglich ein.

Katermittel

Ein Kater ohne Übelkeit ist kein richtiger Kater, oder? Die Übelkeit am Morgen danach zeigt klar: Sie hatten etwas zu viel Spaß. Nun können Sie entweder abwarten - oder Ihrem Körper beim Alkoholabbau mit dieser Tinktur helfen. Ingwer ist das Mittel der Wahl gegen Übelkeit, Brennnessel hilft, verlorene Elektrolyte zu ersetzen, und Pfefferminze lindert Kopfschmerzen.

Zutaten:

- 2 Esslöffel frischer Ingwer, gerieben
- 1 Teelöffel getrocknete Brennnessel
- 1 Teelöffel getrocknete Pfefferminze
- 3 Tassen Wasser

Anleitung:

1. Wasser in einem kleinen Topf zum Kochen bringen und die Hitze abstellen.
2. Den geriebenen Ingwer, die Brennnessel und die Pfefferminze in das heiße Wasser geben.
3. Die Kräuter 10 Minuten ziehen lassen, dann durch ein feines Sieb in eine Tasse abseihen.
4. Ein bis zwei Tassen sollten für Besserung sorgen.

Kräuter-Mundwasser

Bekämpfen Sie Bakterien, erfrischen Sie Ihren Atem und pflegen Sie Ihre Zähne mit diesem einfachen Kräuter-Mundwasser. Dies ersetzt nicht den regelmäßigen Zahnarztbesuch - der ist nach wie vor notwendig - aber es ist Ihre eigene kleine Methode, um zu Ihrer Mundgesundheit beizutragen. Denn glauben Sie es oder nicht: Sie haben nur ein einziges Gebiss für ein ganzes Leben.

Zutaten:

- 2 Esslöffel getrocknete Zitronenmelissenblätter
- 5 Tropfen Teebaumöl
- 5 Tropfen Pfefferminzöl
- 1 Teelöffel Natron
- 2 Tassen Wasser

Anleitung:

1. Wasser zum Kochen bringen und die Hitze abstellen.
2. Die Zitronenmelissenblätter in das heiße Wasser geben und 10 Minuten ziehen lassen.
3. Die Feststoffe abseihen und die Infusion abkühlen lassen.
4. Bei Raumtemperatur erst die ätherischen Öle einrühren, dann das Natron.
5. Eine Minute lang im Mund spülen, dann ausspucken.

Kräuter-Grundausstattung für Reisen

- **Ingwer:** Sie sollten stets etwas Ingwer bei sich haben, wenn Sie reisen. Falls Sie zu Reiseübelkeit neigen, erst recht. Ingwertee beruhigt einen verstimmten Magen und unterstützt die Verdauung. Er ist klein genug, um platzsparend verpackt zu werden, und Sie können ihn auch einfach so kauen, falls Sie keine Möglichkeit haben, einen Aufguss zuzubereiten.

- **Süßholz:** Süßholzwurzel ist das Kraut, das Sie bereuen werden, nicht eingepackt zu haben, wenn Sie etwas essen, das Ihren Magen unangenehm überrascht. Es hilft außerdem gegen Jetlag, Müdigkeit, Allergien und Kopfschmerzen. Falls Sie auf Reisen sind und es nicht dabei haben, schauen Sie, ob Kapseln erhältlich sind. Das ist nicht dasselbe, aber ähnlich.
- **Kamille:** Kamille sollte in Ihrer Tasche sein, wenn Sie mit Kindern unterwegs sind - Sie werden sie brauchen, wenn jemand quengelig wird, und das müssen nicht unbedingt die Kinder sein. Kamille ist das Anti-Angst-Kraut. Es ist normal und manchmal sogar zu erwarten, auf Reisen unruhig zu sein oder Magenkrämpfe aufgrund von Anspannung zu bekommen. Doch ein paar in Wasser aufgegossene Kamillenblüten können die Gedanken für einen Moment beruhigen, sodass Sie die Reise tatsächlich genießen können.
- **Helmkraut:** Helmkraut ist ein weiteres Anti-Angst-Kraut, aber es wirkt eher konzentrationsfördernd als körperlich entspannend. Daher können Sie dies UND Kamille einnehmen - sie erfüllen unterschiedliche Aufgaben. Helmkraut hilft bei mentaler Erschöpfung, Spannungskopfschmerzen, Gehirnnebel und ähnlichen Beschwerden. Es ist ebenfalls nützlich, wenn Sie sich erkälten und nicht aus dem Bett kommen, geschweige denn zur nächsten Apotheke gehen können. In diesem Moment werden Sie dankbar sein, dass Sie nur zwei Zutaten benötigen – eine davon ist heißes Wasser.
- **Zitronenmelisse:** Zitronenmelisse hat viele Funktionen und Potenziale. Es ist wirklich ein vielseitiges Kraut, und wenn Sie viel reisen, wissen Sie, dass es clever ist, eine Sache dabei zu haben, die fünf andere Dinge erledigen kann. Zitronenmelisse ist genau diese eine Sache. Sie wirkt beruhigend, ist ein Antihistaminikum, verdauungsfördernd, antimikrobiell und ein Energiebooster. Ein Kraut, fünf Funktionen.

- **Passionsblume:** Nicht jeder schläft friedlich, wenn er nicht zu Hause ist. Es ist immer noch ein anderer Ort, selbst wenn er vertraut ist. Es ist nicht das Zuhause, und Ihr Körper spürt das, aber Sie müssen trotzdem schlafen. Deshalb brauchen Sie Passionsblumen, entweder getrocknet oder als Tinktur. Schlaflosigkeit ist ein Gateway-Problem zu anderen Problemen, und Probleme sollten auf Reisen möglichst minimal gehalten werden.
- **Kalifornischer Mohn:** Kalifornischer Mohn wirkt entspannend, ohne zu sedieren. Er ist eine Alternative zur Passionsblume, denn die Passionsblume könnte Sie umhauen, aber der Kalifornische Mohn entspannt Sie, ohne müde zu machen.
- **Holunder:** Holunderbeeren haben viele Vorteile für Ihr Immunsystem. Die Vermehrung von Viren wird durch dieses unscheinbare Kraut entweder gestört oder komplett unterbunden, das obendrein Ihr Immunsystem stärkt. Es gehört zu den besten Immunmodulatoren der Kräuterkunde und sollte Sie möglichst überallhin begleiten.
- **Knoblauch:** Reisen setzen Sie neuen Umgebungen und potenziell stressigen Situationen aus. Sie brauchen Knoblauch, falls Ihr Immunsystem auf eine Bedrohung trifft. Knoblauch ist entzündungshemmend und antibakteriell. Er heilt nachweislich Wunden und vertreibt Insekten. Er ist schützend, unterstützend und klein genug zum Mitnehmen.
- **Rosmarin:** Manche Entzündungen bessern sich durch Wärme, andere durch Kälte. Rosmarin ist das Kraut, das Sie in eine Kompresse geben, wenn Sie mit Schmerzen zu tun haben, die auf Wärme reagieren. Es ist ein wärmendes, entzündungshemmendes Mittel bei Muskelkater und Schmerzen – zwei Dinge, die Sie im Überfluss bekommen können, wenn Ihre Reisen Rundgänge, Wanderungen oder einfach viel Bewegung beinhalten. Nehmen Sie das ätherische Öl mit, wenn Sie die Kräuter nicht tragen können, aber verdünnen Sie es zuerst, um Hautirritationen zu vermeiden.

Kleinere Notfälle und ihre natürliche Behandlung

Kleine Schnittwunden

1. **Schritt 1:** Waschen Sie immer zuerst Ihre Hände, bevor Sie eine offene Wunde berühren. Sind Ihre Hände sauber, spülen Sie die Wunde mit sauberem Wasser aus, um Schmutz und Fremdkörper zu entfernen. Je nach Verschmutzungsgrad können Sie antibakterielle Seife verwenden, um die Umgebung der Wunde zu reinigen – vermeiden Sie jedoch, Seife direkt in die Wunde zu bekommen.
2. **Schritt 2:** Tragen Sie eine dünne Schicht rohen Honig auf die Wunde auf. Nehmen Sie dann einen sterilen Verband und bedecken Sie die Wunde damit. Der Verband sollte fest sitzen, aber nicht zu straff sein.
3. **Schritt 3:** Beobachten Sie die Wunde in den nächsten Tagen auf Infektionsanzeichen wie anhaltende Rötung, deutliche Schwellung oder Eiterbildung.
4. **Schritt 4:** Falls sich eine beginnende Infektion abzeichnet, machen Sie eine Paste aus Goldsiegelwurzel-Pulver und Wasser und tragen Sie diese großzügig auf die Wunde auf. Wenn die Schwellung – wie zu erwarten – nach einigen Tagen nicht zurückgeht, sollten Sie vielleicht einen Arzt aufsuchen.

Halsschmerzen

1. **Schritt 1:** Nehmen Sie ein Glas warmes Wasser, geben Sie einen halben Teelöffel Salz hinein und rühren Sie, bis sich das Salz aufgelöst hat.
2. **Schritt 2:** Nehmen Sie einen großen Schluck, neigen Sie den Kopf nach hinten und gurgeln Sie 30 Sekunden lang, bevor Sie die Lösung ausspucken.
3. **Schritt 3:** Bereiten Sie sich einen Kamillentee mit frischen oder getrockneten Blättern zu. Trinken Sie ihn langsam.
4. **Schritt 4:** Am Abend mischen Sie einen Esslöffel Honig und den Saft einer halben Zitrone in eine Tasse warmes Wasser. Trink das. Honig legt sich wie ein Schutzfilm über den Rachen, während die Zitrone den Schleim löst.
5. **Schritt 5:** Trink über den Tag verteilt mehr Flüssigkeit - sei es Wasser, Kräutertees oder Brühen. Ausreichend Flüssigkeit hält den Rachen

feucht und beschleunigt die Heilung.

Bienenstich

1. **Schritt 1:** Bei einem Bienenstich musst du zuerst nach dem Stachel suchen. Wenn du einen findest, handelt es sich um einen Stich von einer Honigbiene. Die Stacheln von Honigbienen haben Widerhaken, die in der menschlichen Haut stecken bleiben. Ein Bienenstich endet für die Biene immer tödlich, denn wenn sie versucht, mit ihrem feststeckenden Stachel davonzufliegen, reißt sie dadurch regelrecht auseinander. Untersuche die Stichstelle also auf einen Stachel und schiebe ihn vorsichtig mit einer Kreditkarte oder einem anderen stumpfen Gegenstand heraus. Verwende keine Pinzette, da diese nur mehr Gift in deine Haut pressen würde.
2. **Schritt 2:** Tränke ein sauberes Tuch in kaltem Wasser oder wickle ein Kühlpack in ein Handtuch. Lege es für 10 Minuten auf den Stich, um die Schwellung zu reduzieren und den Schmerz zu lindern.
3. **Schritt 3:** Mische einige Tropfen Lavendelöl mit einem Trägeröl (wie Kokos- oder Olivenöl) zur Verdünnung. Trage die Mischung dann auf den Stich auf. Lavendelöl hilft gegen den Juckreiz während des Heilungsprozesses.

Erbrechen

1. **Schritt 1:** Dies ist wohl das Letzte, was man in diesem Moment hören möchte, aber versuche dich zu entspannen. Atme tief durch und gib deinem Körper bewusst das Signal, sich zu beruhigen.
2. **Schritt 2:** Trink klare Flüssigkeiten in kleinen Mengen. Gut geeignet sind Wasser, Ingwertee, Pfefferminztee oder klare Brühe. Immer nur kleine Schlucke!
3. **Schritt 3:** Leg dich hin - am besten auf die Seite, da dies die Wahrscheinlichkeit mindert, dass du dich erneut übergibst.
4. **Schritt 4:** Wenn es dir besser geht, solltest du in den ersten Stunden scharfe und schwere Speisen meiden. Iss stattdessen leichte und bekömmliche Speisen - diese sind besser verdaulich.

Nesselsucht

1. **Schritt 1:** Lass dir ein warmes Bad ein und mische kolloidales Hafermehl ins Badewasser. Du kannst das Hafermehl selbst herstellen oder in der Apotheke kaufen. Bade etwa 15 Minuten lang, um die gereizte Haut zu behandeln.
2. **Schritt 2:** Brühe eine Tasse Kamillentee und separat eine Tasse Brennnesseltee auf. Lasse den Kamillentee auf Raumtemperatur abkühlen.
3. **Schritt 3:** Tränke ein sauberes Tuch mit dem abgekühlten Kamillentee und lege es vorsichtig auf die Quaddeln. Trinke den Brennnesseltee in kleinen Schlucken.
4. **Schritt 4:** Reibe frischen Aloe-vera-Saft auf die juckenden Stellen, um sie zu beruhigen.

Teil IV: Lebensstil und Nachhaltigkeit

11

IM RHYTHMUS MIT DER NATUR LEBEN

Seasonale Selbstfürsorge bedeutet, Ihre Selbstfürsorgeroutinen an den Wechsel der Jahreszeiten anzupassen. Alles, vom Mikrokosmos bis zum Makrokosmos, existiert in Zyklen, und diese Zyklen folgen eigenen Rhythmen. Ihr Körper und seine Energien haben ihre eigenen Rhythmen, die Sie von einem Zyklus zum nächsten führen. Es wird immer eine weitere Veränderung, einen weiteren Übergang geben. Das ist Natur. Die Frage ist, reagieren Sie auf Ihre Rhythmen, oder leben Sie im Widerstand zur Natur?

Wenn Sie die natürliche Welt beobachten, wird deutlich, dass der Winter die Zeit ist, in der die Natur zur Ruhe kommt und jedes Lebewesen nach Hause zurückkehrt. Dieses Zuhause mag eine Höhle oder ein Baum sein. Vielleicht unter der Erde oder irgendwo in den Bergen. Für uns ist das Zuhause in uns selbst. Zugegeben, das kalte Wetter und die kürzeren Tage verleiten Menschen dazu, zu Hause zu bleiben, sich aufzuwärmen und Geborgenheit zu suchen, aber es geht tiefer als das. Dies ist nicht bloß eine physische Reaktion auf die äußere Umwelt, sondern auch eine spirituelle und emotionale. Menschen sind im Winter nachdenklicher, introvertierter und stärker in Harmonie mit sogar den scheinbar unzusammenhängenden Teilen ihres Lebens. Im Winter kehrt jeder nach Hause zurück – nicht nur zu den physischen Strukturen, die Schutz bieten, sondern auch zu der immateriellen Wirklichkeit, die im Inneren existiert.

Abbildung 32: Eins werden mit der Natur. Quelle:
https://www.pexels.com/photo/women-gardening-5529587/

Der Winter ist eine schwere Jahreszeit, aber eine, die wertvolle Gelegenheiten zur Erholung, zum Aufladen und zur Rückbesinnung bietet. Es herrscht eine Stille darin, in der Chance, über das vergangene Jahr zu reflektieren und darüber nachzudenken, was Sie sich für die Zukunft wünschen.

Selbstfürsorge im Winter könnte bedeuten, Ihrer Haut mehr Aufmerksamkeit zu schenken, häufiger zu meditieren, auszumisten, lange Tagschläfchen zu halten oder einfach nur durch die Gedanken in Ihrem Kopf zu stöbern. Es ist eine kurze, kalte Jahreszeit, und ehe man sich versieht, ist sie vorbei und der Frühling kommt.

Der Frühling bringt eine aufregende Energiewende mit sich, die spürbar ist. Die Natur erwacht, und wir auch. Der Frühling ist die Jahreszeit, die sagt: „Räum das Alte aus und mach Platz für Neues." Im wahrsten Sinne des Wortes. Es wird nicht umsonst Frühlingsputz genannt, aber der Frühlingsputz gilt nicht nur für Ihren Lebensraum – auch für Ihre innere Welt. Der Frühling ist eine großartige Zeit, um Gewohnheiten oder Gedanken loszulassen, die Ihnen nichts Gutes tun.

Denken Sie darüber nach: Die Welt um Sie herum erwacht buchstäblich zum Leben – Blumen sprießen in jeder Farbe, Bäume werden wieder grün, Tiere tauchen aus dem Nichts auf. Da ist es nur natürlich, dass Sie auch diesen Energieschub und das Verlangen nach Erneuerung in sich spüren.

Die langen, dunklen Tage des Winters sind vorbei und machen dem warmen, hellen Frühling Platz, und diese energetische Wende in der Umwelt inspiriert unweigerlich einen entsprechenden Wandel in Ihren Motivationen und Ihrem Verhalten. Es erklärt, warum Sie nun endlich Ihren lange vernachlässigten Schrank sortieren oder den toxischen Freund blockieren wollen.

Der Frühling ist die perfekte Zeit, um selbstschädigende Narrative oder ungesunde Bewältigungsmechanismen loszulassen, an denen Sie festgehalten haben, um den mentalen und emotionalen Ballast auszuräumen, der Sie zurückgehalten hat. Nur so können Sie Platz für die frische Energie schaffen, die hereinströmen möchte – jene Energie, die Sie von innen heraus strahlen lässt.

Selbstfürsorge im Frühling könnte bedeuten, mehr Zeit im Freien zu verbringen, die frische Luft zu genießen, zu gärtnern, mit Freunden zum Mittagessen zu gehen, Ziele zu setzen und sich ganz allgemein entlang der Saison zu richten. Die Zeit ist länger als im Winter, und Sie sollten sie nutzen, bevor der Sommer kommt, denn wenn dieser beginnt, werden die Tage länger und wärmer – und für die meisten Menschen ist das aufregend.

Im Sommer geht es darum, das Leben zu genießen und outdoor-Aktivitäten zu unternehmen. Dies ist die Jahreszeit für Abenteuer, Strandbesuche, Wandern, Leichtsinn und Urlaube. Selbstfürsorge im Sommer bedeutet oft, Spaß und Entspannung zu priorisieren. Der Fokus liegt darauf, Freude in einfachen Dingen zu finden, wie der Sonne auf der Haut oder einem kalten Getränk an einem heißen Tag. Der Sommer bringt aber auch hohe Erwartungen mit sich. Es kann sich so anfühlen, als gäbe es so viel zu tun und so viele Orte zu besuchen, dass man sich selbst und die eigenen Bedürfnisse vergisst. Wenn Sie Zeit allein brauchen, nehmen Sie sie sich. Wenn Sie langsamer machen und jeden Moment in vollen Zügen genießen möchten, tun Sie das. Erlauben Sie sich, auf sich selbst zu achten. Nehmen Sie manchmal Nein in den Mund – auch das ist Selbstfürsorge. Hören Sie auf Ihren Körper und geben Sie ihm, was er braucht. Wenn die Saison fortschreitet, denken Sie darüber nach, was Sie erlebt und gelernt haben und wie Sie diese Energie in die nächste Jahreszeit tragen möchten, denn der Herbst ist schon da und kommt immer völlig unerwartet.

Der Herbst ist die Erinnerung der Natur daran, dass Wandel konstant ist. Er ist eine Zeit des Loslassens und der Vorbereitung auf die nächste Phase. Die Blätter verfärben sich in den schönsten Farben und fallen schließlich ab – eine Erinnerung an die Schönheit des Wandels und daran, das zu schätzen, was man gerade hat, denn Veränderung steht immer bevor. Sie sollen beides halten: die Schönheit des Moments und das Wissen, dass Wandel unvermeidlich ist.

Viele sagen, der Herbst habe etwas Bittersütes. Es ist schön, wenn die Landschaft in Farben erstrahlt, aber es liegt auch eine Wehmut darin, ein Bewusstsein dafür, dass der Sommer und seine sorgenfreien Tage schwinden. Die Natur wirft ab und lässt los und fordert Sie auf, dasselbe zu tun.

Selbstfürsorge im Herbst kann bedeuten, Prioritäten und Verpflichtungen neu zu bewerten. Es kann bedeuten, sich selbst genauso viel zu geben wie allen anderen. Sie können ein Ritual beginnen, nur für sich selbst, eines, das diese Übergangsphase würdigt. Machen Sie jeden Abend einen Spaziergang, nehmen Sie mittwochs ein besonders langes Bad, tanzen Sie jeden Morgen beim Frühstückmachen. Lassen Sie in allem, was Sie tun, deutlich werden, dass Sie sich extra bemühen, sich glücklich zu machen – warum auch nicht? Es gibt einen Trick dafür, und er verbirgt sich in zwei einfachen Fragen: „Was möchte ich tun?“ und „Was KANN ich tun?“

Mondzyklen

Mondzyklen sind wissenschaftlich gesehen die Phasen, die der Mond durchläuft, während er die Erde umkreist. Der Zyklus selbst dauert 29,5 Tage, weshalb der Mond je nach Phase und wie viel Sonnenlicht er erhält, zu- und abnimmt.

Der Mondzyklus beginnt mit dem Neumond. In dieser Phase ist der Himmel pechschwarz, denn die unbeleuchtete Seite des Mondes zeigt zur Erde, und es sieht aus, als gäbe es keinen Mond. In den nächsten Tagen wird eine schmale Sichel am Himmel sichtbar, ein Zeichen, dass der Mond zu wachsen beginnt. In dieser Phase spricht man vom zunehmenden Mond.

Wenn der Mond das erste Viertel erreicht, scheint man nur die Hälfte seiner sichtbaren Seite zu sehen. Er nimmt weiter zu, bis er Vollmond erreicht, wenn die vollständig beleuchtete Seite zur Erde zeigt. Diese Phase ist am bekanntesten. Es ist Vollmond, und der Mond scheint hell und sieht aus wie eine vollständige Scheibe am Nachthimmel.

Nach dem Vollmond beginnt der Mond abzunehmen oder zu schrumpfen. Zuerst sieht man einen Dreiviertelmond, wo mehr als die Hälfte der Mondfläche sichtbar ist. Dann tritt der Mond in das letzte Viertel ein, wo genau die Hälfte sichtbar ist. Bald darauf wird der Mond zu einer abnehmenden Sichel, bevor er zum Neumond zurückkehrt und alles von Neuem beginnt.

Diese Phasen sind vorhersehbar und fesseln die Menschheit seit Anbeginn der aufgezeichneten Geschichte. Mondzyklen wurden zum Fischen, Landwirtschaft betreiben und Jagen genutzt. Ganze Zivilisationen organisierten ihr Leben nach diesen Zyklen, und auch heute noch erkennen und ehren Menschen unsere Verbindung zum Mond, weil der Mond nach wie vor jeden beeinflusst.

Wie beeinflussen Mondzyklen dich?

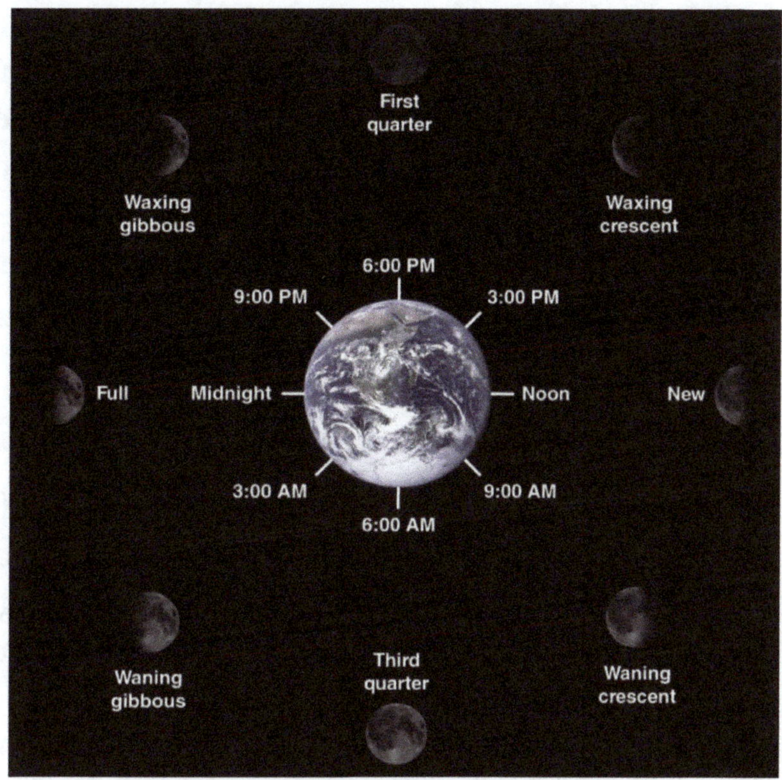

Abbildung 33: Die Mondphasen. Quelle:
https://commons.wikimedia.org/wiki/File:Lunar_phase_diagram.png

Neumond

Der Neumond markiert einen Neuanfang im Mondzyklus. In dieser Phase ist der Mond am Himmel zwar präsent, aber nicht sichtbar. Diese Dunkelheit lädt dich ein, in dich zu gehen und zu reflektieren. Es ist eine Zeit, um neue Absichten zu setzen und darüber nachzudenken, was du in den kommenden Wochen erreichen möchtest. In dieser Phase verspüren viele Menschen den Drang, ihre Ziele aufzuschreiben oder eine Vision Board zu gestalten. Es ist die Phase der ersten Schritte - der erste Schritt in Richtung Positivität, der erste Schritt zu einem neuen Ziel, der erste Schritt zum inneren Frieden. Diese Phase wird von der Klarheit und Zielstrebigkeit geprägt, die sie mit sich bringt.

Zunehmende Sichel

Nach dem Neumond wächst der Mond weiter und führt dich in die Phase des zunehmenden Mondes. Ein schmaler Lichtstreifen kennzeichnet den Beginn dieser Phase. Sie symbolisiert Wachstum und neue Anfänge. Plötzlich könntest du Energie und Motivation verspüren, um die während des Neumonds gesetzten Ziele anzugehen. Diese Phase fördert Kreativität und Erkundungsdrang. Vielleicht kommen dir viele neue Ideen oder du fühlst dich inspiriert, etwas Neues auszuprobieren oder Altes anders anzugehen. Du musst nicht alles auf einmal schaffen. Der zunehmende Mond erinnert dich daran, dass jeder Beitrag zählt, selbst die kleinsten Schritte.

Erstes Viertel

Das erste Viertel ist erreicht, wenn der Mond zur Hälfte beleuchtet erscheint. Diese Phase steht für Ausgewogenheit und Entscheidungsfindung. Eventuell treten Hindernisse auf, die deine Entschlossenheit gegenüber den in früheren Phasen gesetzten Zielen auf die Probe stellen. Du wirst aufgefordert, deine Fortschritte zu bewerten und Anpassungen vorzunehmen. Gefühle könnten dich zu überwältigen drohen, während du zwischen Fortschrittswillen und Frustration schwankst, wenn die Dinge nicht nach Plan verlaufen. Der Halbmond konfrontiert dich mit einer Wahl: Entmutigt zu sein und darin zu verharren oder dies als Ansporn zu nutzen, deine Strategien zu überdenken. Frage dich, was funktioniert hat und was geändert werden muss. In dieser Phase könntest du ungebetene Ratschläge erhalten. Prüfe sie sorgfältig, vielleicht ist etwas Hilfreiches dabei.

Zunehmender Dreiviertelmond

Der Vollmond rückt näher, ist aber noch nicht ganz da. Es herrscht eine spürbare Vorfreude in der Luft. Vielleicht hast du bereits Fortschritte bei deinen Zielen gemacht, und dieser Vorwärtsschwung bringt einen weiteren Energieschub mit sich, um noch weiter zu kommen. Diese Phase ermutigt dich, die bisherige harte Arbeit zu würdigen. Es könnte mehr Zusammenarbeit und produktive soziale Interaktionen geben. Der typische Tatendrang des zunehmenden Mondes verleitet dazu, möglichst viele Schritte auf einmal zu machen, aber versuche, dich nicht zu übernehmen. Enthusiasmus ist großartig, aber du brauchst auch Balance. Das ist die unterschwellige Lehre dieser Phase. Der zunehmende Dreiviertelmond bestätigt dir, dass du auf dem richtigen Weg bist, gibt dir aber gleichzeitig die Möglichkeit, Ausgewogenheit zu lernen.

Vollmond

Der Vollmond ist die kraftvollste Phase im Mondzyklus. Man kann den Mond in seiner ganzen Pracht sehen, was Vollendung und Fülle symbolisiert. In dieser Phase sind die Emotionen meist intensiviert. Wenn man glücklich ist, ist man wirklich glücklich. Fühlt man sich niedergeschlagen, kann es sich anfühlen, als hätte man einen neuen Tiefpunkt erreicht. Diese Mondintensität beleuchtet mehr von deiner inneren Welt, also deinen Gefühlen, doch nicht nur das Licht ist intensiv. Es gibt einen zusätzlichen gravitativen Einfluss. Die Anziehungskraft des Mondes ist am stärksten, wenn er direkt der Sonne gegenübersteht, was beim Vollmond der Fall ist. Diese Anziehung kann mit emotionaler Sensibilität, Unruhe und lebhaften Träumen einhergehen. Deine Stimmungen können in alle Richtungen schwanken, aber wenn du an dem Gleichgewicht festhältst, das du in der Gibbous-Phase gelernt hast, kannst du durch diese Intensität zur Magie dieser Phase gelangen. Der Vollmond ist die Zeit, sich deinen Manifestationen hinzugeben, denn alles ist verstärkt. Darum werden Vollmonde für Rituale und Meditation genutzt. Es ist der Höhepunkt des Zyklus, und in dieser Phase gibt es viel rohe Energie.

Abnehmender Gibbousmond

Der Mond wird am Himmel kleiner, und seine aktuelle Energie fordert dich auf, Bilanz über das Erreichte zu ziehen. Es ist eine introvertierte Phase, die dich dazu drängt, über den vergangenen Monat nachzudenken. Diese Innenschau führt fast immer zu Dankbarkeit, denn man erkennt die Dinge, für die man dankbar ist – oft Dinge, die man vorher nie bemerkt hat. Diese Dankbarkeit ist Motivation für den nächsten Mondzyklus, und es kann der Drang entstehen, in ein Tagebuch zu schreiben oder etwas physisch festzuhalten.

Letztes Viertel

Es ist Zeit loszulassen und zu reinigen. Während der Mond wieder halb sichtbar wird, nähert man sich dem Ende eines Zyklus. Es gibt eine Motivation, veraltete Glaubenssätze, unproduktive Gewohnheiten, Gedanken oder sogar Beziehungen abzulegen. Die meisten Menschen lassen vielleicht nichts los, aber sie verspürten wahrscheinlich den Drang dazu. Man muss loslassen, um voranzukommen. Veränderung ist ebenso schwierig wie unvermeidlich, aber der letzte Viertelmond ermutigt dich, die Reinigung als Chance für Wachstum zu sehen.

Abnehmende Mondsichel

Die abnehmende Mondsichel ist die letzte Phase vor dem Neumond und fordert dich auf, zu ruhen und dich vorzubereiten. Der Mond verschwindet am Himmel, und das hat etwas Beruhigendes und Nachdenkliches. Man hat Bilanz gezogen, gefeiert, manifestiert und losgelassen. Jetzt ist es Zeit zu ruhen. In dieser Phase kann alles langsam sein, und das liegt daran, dass man aufgefordert wird, sich zu entschleunigen. Dies ist die Phase, in der man sich für den nächsten Zyklus auflädt. Die Botschaft der abnehmenden Mondsichel ist, dass Ruhe genauso wichtig ist wie Handeln. Man ist auch dann wertvoll, wenn man nichts tut.

Kräuter für jeden Mondzyklus

- **Neumond:** Der Neumond steht für neue Anfänge und das Setzen von Absichten. Die besten Kräuter für diese Phase sind Süßholz, Pfefferminze, Lavendel, Schafgarbe, Jasmin und Engelwurz.
- **Zunehmende Mondsichel:** Diese Phase konzentriert sich auf Wachstum und Bewegung. Die damit verbundenen Kräuter sind Rosmarin, Basilikum, Gotu Kola und Zitronengras.
- **Erstes Viertel:** Der erste Viertelmond fördert Entscheidungsfindung und Entschlossenheit. Die Kräuter, die mit dieser Phase verbunden sind, sind Saflor, Basilikum und Weißer Salbei.
- **Zunehmender Gibbousmond:** In dieser Phase verfeinert und verbessert man seine Pläne. Die Kräuter, die dies fördern, sind Hagebutten, Thymian, Brennnessel und Lorbeerblatt.
- **Vollmond:** Der Vollmond verstärkt und beleuchtet alles auf seinem Weg. Die mit dieser Phase verbundenen Kräuter sind Kamille,

Passionsblume, Beifuß, Spitzwegerich, Mädesüß und Rose.

- **Abnehmender Gibbousmond:** Diese Phase inspiriert zu Dankbarkeit und Selbstreflexion. Die Kräuter, die dabei helfen, sind Fenchel, Myrrhe, Salbei, Tragantwurzel und Ingwer.
- **Letztes Viertel:** Der letzte Viertelmond ist eine Phase der Reflexion und fordert zum Loslassen auf. Die damit verbundenen Kräuter sind Rosmarin, Weißdorn, Aloe Vera, Löwenzahnwurzel und Lavendel.
- **Abnehmender Mond:** Hier geht es darum, sich auszuruhen und neue Energie zu sammeln für den nächsten Zyklus. Die unterstützenden Kräuter sind Passionsblume, Kamille, Lavendel, Baldrianwurzel und Ginseng.

Wie man ein rituelles Kräuterbad vorbereitet

1. **Schritt 1:** Vor jedem rituellen Bad sollte man eine Absicht festlegen - was möchte man erreichen? Soll es entspannen? Der Heilung dienen? Eine reinigende Funktion haben? Eine klare Absicht bündelt die Energie und lädt das Ritual auf.
2. **Schritt 2:** Wähle die passenden Kräuter für dein Ritualbad basierend auf deiner Intention, dem Mondzyklus oder beidem. Du kannst getrocknete Kräuter, frische Pflanzen, ätherische Öle oder eine Kombination davon verwenden.
3. **Schritt 3:** Fülle die Badewanne mit heißem Wasser und gib die Kräuter und ätherischen Öle hinein. Lass die Kräuter etwa 10 Minuten im Wasser ziehen.
4. **Schritt 4:** Zünde einige Kerzen an und verbinde dein Lieblingsräucherwerk. Dimme das Licht und spiele Naturgeräusche im Hintergrund.
5. **Schritt 5:** Steige achtsam in die Wanne. Lass dich nieder und spüre, wie das warme Wasser deine Haut umhüllt. Du musst nichts tun - einfach entspannen, die Augen schließen und dich mit deiner Absicht verbinden.
6. **Schritt 6:** Bleibe mindestens 20 Minuten in der Wanne. Wenn du das Bedürfnis hast, Affirmationen zu sprechen, tu es - aber der Kern dieses Rituals ist das Eintauchen in die Erfahrung. Du musst nichts Besonderes dafür tun, sei einfach.

7. **Schritt 7:** Spüle dich mit klarem Wasser ab, um Kräuterreste von der Haut zu entfernen.
8. **Schritt 8:** Lass das Badewasser ab und entsorge die verwendeten Pflanzen.

Slow Living und Einfachheit

Im Einklang mit der Natur und ihren Zyklen zu leben ist in einem Jahrhundert, das Geschäftigkeit verherrlicht, leichter gesagt als getan. Es gibt so viel sinnlose Aktivität, die dich davon abhält, bei dir selbst zu sein und dich selbst von den Zyklen in deinem eigenen Körper entfremdet. Menschen haben Angst, langsamer zu werden, weil sie nicht zurückbleiben wollen - doch das ist der Punkt: Wir gehen nicht alle denselben Weg. Es mag so scheinen, weil die Gesellschaft uns dazu gebracht hat, dieselben Dinge zu verfolgen. Und genau deshalb fühlen sich alle ausgebrannt und verwirrt.

Du musst in dir selbst die Entscheidung treffen, nicht mehr zu hetzen. Erst dann beginnst du wirklich zu leben. Stell dir zur Veranschaulichung vor, du stehst auf einer belebten Straße. Hunderte Menschen laufen in eine Richtung, alle schnell, und du bist mittendrin. Jetzt bleib einfach stehen. Man wird dich anrempeln, aber geh weiter nicht - lass sie vorbei. Siehst du nun das Chaos um dich? Die meisten wirken gestresst, die anderen abgelenkt, doch das bemerkst du erst, wenn du aus dem Getümmel ausscheren. Nun stell dir vor, alle anderen verschwinden plötzlich, und du bist ganz allein auf der Straße. Ein Windhauch streift deinen Rücken. Es gibt nichts zu erreichen, nirgendwo hinzugehen, niemanden weit und breit. Nur du... und was du in diesem Moment tun möchtest. Fühlt sich friedlich an, nicht wahr?

Du befindest dich immer noch auf derselben Straße, doch jetzt kannst du mit Bedacht handeln. Du hast dich entschieden, bewusst langsamer zu leben und spürst eine angenehme Einfachheit. Das bedeutet nicht, dass du den Anforderungen des modernen Lebens entronnen bist. Verantwortungen und Arbeitspflichten bleiben bestehen. Es geht nie darum, Stress und Trubel gänzlich zu vermeiden, sondern trotzdem zu dir selbst zu finden. Und genau darin liegt das Geheimnis, Freude in jeder Lebenssituation zu spüren.

Tipps für ein langsames und einfaches Leben

- Beginne den Tag mit Ordnung: Durchforste deine Sachen und entsorge oder spende alles, was du nicht mehr verwendest oder brauchst.
- Lerne Nein zu sagen - zu allem, was nicht mit deinen Prioritäten oder Werten übereinstimmt.
- Nimm dir Zeit beim Kochen und ebenso beim langsamen Verzehr der Mahlzeiten.
- Übe Achtsamkeit, indem du dich bewusst auf Details konzentrierst: Wie viele Löcher hat der Knopf an deinem Hemd? Ist er perfekt rund? Pflege diese bewusste Wahrnehmung.
- Schalte regelmäßig das Internet ab.
- Unternimm etwas draußen: ein Spaziergang, Gartenarbeit, Vogelbeobachtung oder einfach Zeit mit dem Hund an der frischen Luft.
- Spende Kleidung, die du nicht mehr trägst.
- Strukturiere Erledigungen im Voraus, um unnötige Wege zu vermeiden.
- Entdecke ein Hobby, das Entschleunigung fördert: Stricken, Gärtnern, Lesen oder auch entspannendes Gaming.
- Investiere in Erfahrungen statt in Besitz.
- Gib den Anspruch auf Perfektion auf und entdecke die Schönheit in den Unvollkommenheiten.

12

NACHHALTIGKEIT IN IHRER PRAXIS

Bei der Kräuterkunde geht es um so viel mehr als nur getrocknete Pflanzen in einem Glas. Kräuterkundige sind auf die Natur angewiesen, das ist die Grundlage, auf der die Praxis aufbaut. Doch weniger diskutiert wird, dass Sie ein Hüter der natürlichen Umwelt sind, von der Sie so stark abhängig sind. Selbst wenn Sie Ihre Kräuter kaufen, werden diese nicht hergestellt; sie stammen von der Erde, und somit besteht eine Beziehung zwischen dem Kräuterkundigen und der Natur - eine heilige Beziehung, die mit großer Verantwortung einhergeht.

Die getrockneten Kräuter in Ihrer Apotheke, die Tinkturen im Regal, jedes ätherische Öl - all diese stellen kleine Teile der natürlichen Welt dar, die Sie entnommen und verwandelt haben. Wenn Sie nicht achtsam mit diesen Ressourcen umgehen, riskieren Sie, genau die Systeme zu erschöpfen, die sie liefern.

Moderne Kräuterkundige setzen sich für die Zero-Waste-Bewegung ein. Zero Waste ist ein Ansatz, der darauf abzielt, die Abfallmenge so weit wie möglich auf nahezu null zu reduzieren. Die Bewegung fordert Sie auf, Ihre Konsumgewohnheiten zu überdenken und nach Lösungen zu suchen, um keine weiteren Abfälle auf Deponien oder Verbrennungsanlagen zu schicken. Das Ziel ist eine Kreislaufwirtschaft, in der Materialien wiederverwendet, recycelt oder kompostiert werden, anstatt gedankenlos weggeworfen zu werden.

Diese Bewegung ist aus mehreren Gründen wichtig. Erstens löst sie das wachsende Problem der Abfallverschmutzung. Deponien sind überfüllt, und viele Materialien brauchen Hunderte von Jahren, um sich zu zersetzen. Dies ist nicht nur gefährlich für die Umwelt, sondern trägt auch zu Treibhausgasemissionen bei, einem Haupttreiber des Klimawandels. Mit jedem recycelten Müll schützen Sie den Planeten. Es ist nicht wirklich Müll, wenn er noch nutzbar ist; es sind Abfälle.

Ein weiterer Grund für die Zero-Waste-Bewegung ist die Schonung von Ressourcen. Die Produkte, die Sie täglich verwenden, werden aus Materialien hergestellt, die nur begrenzt verfügbar sind, wie Holz und fossile Brennstoffe. Die Gewinnung und Verarbeitung dieser Materialien erfordert enorme Energie und belastet den Planeten stärker, als Sie vielleicht denken. Doch wenn Sie weniger verschwenden, reduzieren Sie den Bedarf an neuen Materialien und helfen, Wälder, Ozeane und die Tierwelt zu erhalten. Es ist unsere Pflicht, einen gesunden Planeten für zukünftige Generationen zu sichern, und es wird nichts übrig bleiben, wenn wir diese konsumgetriebene Kultur weiter fördern.

Wenn die Umwelt nicht Ihre oberste Priorität ist, können Sie der Bewegung trotzdem beitreten, um Geld zu sparen. Wenn Sie Dinge wiederverwenden und das Beste aus dem machen, was Sie bereits haben, müssen Sie nicht so viel kaufen. Sie müssen keine neuen Behälter kaufen, wenn Sie die Behälter von bereits verzehrten Lebensmitteln verwenden können. Sie müssen nicht gleich zum Geschäft laufen, um etwas Erneuertes oder Kaputtes zu ersetzen, wenn es die Möglichkeit gibt, es zu reparieren oder für etwas anderes einzusetzen. Sie werden überrascht sein, wie viele Dinge repariert, umfunktioniert oder kreativ in etwas Neues verwandelt werden können, und für Sie beginnt es damit, die Reste in Ihrer Apotheke wiederzuverwenden.

Wiederverwendung von Pflanzenresten

- **Kompostieren:** Diese muss eine der besten Möglichkeiten sein, Pflanzenresten neues Leben einzuhauchen. Beim Kompostieren nehmen Sie Gemüsereste, Obstschalen und Gartenabfälle und verwandeln sie in nährstoffreiche Erde. Dazu müssen Sie anfangen, Ihre Apothekenabfälle zu sammeln – Apfelkerne (wenn Sie Ihren eigenen Apfelessig herstellen), welke Blätter, Stängel und alte Blüten. Wenn Sie einen Garten haben, können Sie dessen Abfälle ebenfalls hinzufügen – etwa welkendes Laub oder abgestorbene Pflanzen.

Legen Sie all dies in Schichten in einen Kompostbehälter oder auf einen Haufen, wobei Sie zwischen grünen Materialien (wie frischen Abfällen) und braunen Materialien (wie getrockneten Blättern) abwechseln. Werden diese lange genug sich selbst überlassen, bauen Mikroorganismen die Materialien ab und verwandeln sie in Kompost. Dieser Kompost kann dann in Ihrem Garten verwendet werden, um noch mehr Kräuter anzubauen. Ihre Apotheke und Ihr Garten können in einem umweltfreundlichen Kreislauf zusammenarbeiten, der Abfall reduziert und der Umwelt zugutekommt.

- **Kräuterauszüge:** Übrig gebliebene Stängel und Blätter können durch Einlegen zu Kräuterölen oder Essig für die Küche verarbeitet werden. Um Kräuteröl herzustellen, nehmen Sie alle Ihre Kräuterreste – wie Basilikumstängel oder Rosmarinzweige – und geben Sie sie in einen Behälter. Bedecken Sie die Kräuter mit einem neutralen Öl – Olivenöl eignet sich gut, ebenso Sonnenblumenöl. Verschließen Sie den Behälter und lassen Sie ihn einige Wochen lang langsam ziehen. Wie bei jeder Infusion werden Aroma und Duft der Kräuter vom Öl aufgenommen. Wenn Sie die festen Bestandteile abseihen, erhalten Sie ein potenzielles Salatdressing, eine Marinade oder einen Verfeinerungsöl-Peitscher (Drizzle). Bei Kräuteressig funktioniert es ähnlich, nur mit Essig statt Öl. Apfelessig ergibt einen milderen Geschmack, während Sie weißen Essig nehmen sollten, wenn es scharf sein soll. Wie üblich seihen Sie die Kräuter nach ein paar Wochen ab, und Sie haben Ihren selbstgemachten Essig für die Küche.
- **Brühe oder Fond:** Jedes Mal, wenn Sie eine Tinktur herstellen, können Sie die übrig gebliebenen Kräuterreste, wie Stängel, Blätter oder ungenutzte Teile, für einen Fond aufbewahren. Den Thymian- oder Rosmarintee, für den Sie diese Kräuter verwendet haben, müssen Sie nach dem Abseihen nicht gleich wegwerfen. Sie halten sich im Kühlschrank bis zu zwei Tage und können für etwas anderes wiederverwendet werden. In diesem Fall können Sie damit eine Gemüsebrühe zubereiten, die Sie als Basis für Suppen, Eintöpfe, Risottos oder was auch immer verwenden können. Übrige Brühe können Sie in Eiswürfelformen einfrieren.

- **Natürliche Reinigungsmittel:** Warum sollten Sie teure Putzmittel* kaufen, wenn Sie Ihre eigenen Reiniger aus Zitrusresten herstellen können? Die Schalen aller Zitronen, die Sie Ihren Tees enteziert haben, sollten Sie aufbewahren. Legen Sie sie in einen Behälter und gießen Sie weißen Essig darüber. Lassen Sie das Ganze zwei Wochen ziehen. Danach sieben Sie die Schalen heraus und erhalten eine natürliche Reinigungslösung mit frischem Zitronenduft. Natürliche Reinigungsmittel sind wirksam, umweltfreundlich und vor allem sicherer als die aggressiven Chemikalien in künstlichen Reinigern. Stellen Sie Ihre eigenen Reiniger her und geben Sie etwas, das sonst im Müll landen würde, eine neue Bestimmung.

DIY-Ideen mit Kräutern

Kräuterglyzerin-Seife

Was Sie benötigen:

- Getrocknete Kräuter
- Isopropylalkohol (in eine Sprühflasche füllen)
- Glyzerin-Seifenbasis (weiß und durchsichtig)
- Seifenformen

Und so wird's gemacht:

1. Zerhacken oder zerbröseln Sie Ihre getrockneten Kräuter in kleine Stücke und stellen Sie sie beiseite.
2. Nehmen Sie eine kleine hitzebeständige Schüssel und geben Sie die weiße Glyzerin-Seifenbasis hinein.
3. Stellen Sie sie in die Mikrowelle und erhitzen Sie sie in Intervallen von 30 Sekunden, wobei Sie zwischendurch umrühren, bis die Masse flüssig ist.
4. Nehmen Sie eine weitere hitzebeständige Schüssel und verfahren Sie ebenso mit der klaren Glyzerin-Seife.
5. Nun, da beide Seifenbasen geschmolzen sind, rühren Sie die getrockneten Kräuter in die weiße Seife ein.
6. Füllen Sie Ihre Seifenform zur Hälfte mit der weißen Seife.

7. Sprühen Sie die Oberseite der weißen Seifenschicht mit dem Isopropylalkohol ein.
8. Gießen Sie die klare Seife über die weiße Kräutersicht und sprühen Sie diese ebenfalls mit Alkohol ein.
9. Lassen Sie die Seife abkühlen.
10. Sie ist fertig, wenn sie Raumtemperatur erreicht hat und fest geworden ist.
11. Nehmen Sie die Seife aus der Form und schneiden Sie die Kanten zurecht. Jetzt hast du eine Kräuterseife.

Kräuter-Badesalz

Was du brauchst:

- ½ Tasse Natron
- 1 Tasse Bittersalz (Epsomsalz)
- 2 Tassen grobes Meersalz
- 12 Tropfen ätherische Öle (Lavendel, Eukalyptus oder Zitrus sind gute Wahlmöglichkeiten)
- 5 Tropfen flüssige Lebensmittelfarbe

So wird's gemacht:

1. Nimm eine große Rührschüssel und gib das Meersalz, Bittersalz und Natron hinein. Gut vermischen.
2. Füge 12 Tropfen deiner gewählten ätherischen Öle in die Salzmischung hinzu. Bei stärkerem Duftbedarf mehr hinzufügen.
3. Gib 5 Tropfen flüssige Lebensmittelfarbe hinzu (bei Wunsch nach tieferer Färbung zusätzliche Tropfen).
4. Verwirble das Ganze mit einem Schneebesen oder einer Gabel, bis Öle und Farbe gleichmäßig verteilt sind.
5. Fülle das Kräuter-Badesalz in einen luftdichten Behälter für die Aufbewahrung.

Kräuter-Duftkerzen

Was du brauchst:

- 1 Tasse Sojawachs oder Paraffinwachs
- 2 Esslöffel naturbelassenes Kokosöl

- ¼ Tasse getrocknete Kräuter (wie Löwenzahn, Rose, Minze etc.)
- 25 Tropfen ätherische Öle (optional)
- Kerzendocht
- Kerzenform (oder alte Tassen/Behälter)

So wird's gemacht:

1. Richte einen Wasserbad-Ersatz ein, indem du eine hitzebeständige Schüssel über einen Topf mit kochendem Wasser stellst.
2. Miss 1 Tasse Wachs ab und schütte es in die hitzebeständige Schüssel.
3. Das Wachs beginnt zu schmelzen – währenddessen rührst du es, bis es vollständig flüssig ist.
4. Wenn das Wachs geschmolzen ist, nimm die Schüssel vom Herd und rühre das Kokosöl unter. Das heiße Wachs wird das Öl verflüssigen.
5. Mische nun die getrockneten Kräuter ein – entweder eine Sorte oder eine Mischung nach Wahl.
6. Jetzt kommen die ätherischen Öle dazu. Gründlich verrühren.
7. Bereite die Kerzenformen vor, indem du jeweils einen Docht mittig platzierst, der gerade stehen muss.
8. Gieße das Kräuter-Wachs-Gemisch in die vorbereiteten Formen.
9. Lass die Kerzen erkalten und aushärten. Danach den Docht etwa 0,5 cm über der Wachsoberfläche kürzen.
10. Deine Kräuter-Duftkerzen sind nun fertig.

Ethische Beschaffung

Ethische Beschaffung ist eine weitere Bewegung innerhalb der Kräutergemeinschaft, und als praktizierende/r Kräuterkundige/r gehörst du automatisch dazu und solltest dich dafür interessieren. Der Grundgedanke hinter ethischer Beschaffung ist, dass jede/r Kräuterkundige sich darum kümmern sollte, woher die Kräuter kommen, wie sie angebaut werden und unter welchen Bedingungen sie geerntet werden. Es reicht nicht, dass die verwendeten Pflanzen wirksam sind – die Bewegung der ethischen Beschaffung setzt sich für die Rechte und das Wohlergehen der Menschen und Ökosysteme in der Lieferkette deiner Kräuter ein. Zu viele Heilpflanzen sind gefährdet, weil sie übermäßig geerntet oder ihre Lebensräume zerstört werden. Ethische Beschaffung schützt sie und ihre Ökosysteme.

Durch die Unterstützung kleiner landwirtschaftlicher Betriebe kannst du deinen Beitrag zu dieser Bewegung leisten. Diese Landwirte legen mehr Wert auf Pflanzenqualität und nachhaltige Praktiken als auf Massenproduktion – was zu gesünderen Pflanzen und Ökosystemen führt. Transparenz und Verantwortung in der Lieferkette sind essenziell, und lokale Bauern bieten dies mit 100% höherer Wahrscheinlichkeit als Großkonzerne, denen es vorrangig um Profit und Image geht.

Du hast eine Stimme in dieser Gemeinschaft und eine Wahl. Jedes Mal, wenn du dich für Lieferanten und Bauern entscheidest, die dein Engagement für Ethik und Nachhaltigkeit teilen, trägst du zu einer gesünderen Welt für alle bei. Du stimmst mit deiner Entscheidung für diese Werte und ermutigst andere, es dir gleichzutun. Wir alle tragen Verantwortung für diese Praxis und das Land, und oft beginnt Veränderung mit einer einzigen Entscheidung.

FAZIT

Du bist bereit, deine Apotheke schon an diesem Wochenende einzurichten, wenn du möchtest. So viel Wissen hast du wahrscheinlich bereits aufgenommen, aber der wahre Wert einer Apotheke übersteigt alles, was du für nötig hältst, um Kräuterkundiger zu werden. Der Wert einer Apotheke liegt in der Selbstbestimmung über deine eigene Gesundheit. Jedes Hausmittel, das du herstellst und verwendest, ist eine Bestätigung deiner Fähigkeit, für dich selbst zu sorgen. Das ist der Kern ganzheitlicher Gesundheit, und darum existiert die Kräuterkunde.

Ich will nicht in mein eigenes Horn stoßen, aber mit diesem Buch hast du eine großartige Einführung in diese Gemeinschaft erhalten. Doch die Kräuterkunde ist riesig, und es gibt stets neues Wissen, besonders weil das menschliche Verständnis der Natur sich weiterentwickelt. Also lies mehr Bücher - man kann niemals zu viele Kräuterbücher haben. "The Herbal Medicine Maker's Handbook" von James Green ist ein Klassiker, und wenn du so begeistert bist, wie du sagst, wirst du es lieben. Die Werke von Michael Moore - möge er in Frieden ruhen - sind auch auf der Website seiner Schule verfügbar. Sie haben sie nach seinem Tod online gestellt, und weißt du was? Sie sind kostenlos. Diese Ressourcen werden dir helfen, in der Gemeinschaft Fuß zu fassen. Du kannst klein anfangen, ja, aber sei immer offen für mehr, denn es GIBT mehr. Dies ist erst der Anfang. Du stehst vor dem gesündesten Leben deines bisherigen Daseins.

Anhänge

GLOSSAR DER PFLANZLICHEN TERMINOLOGIE

- **Adaptogen:** Kräuter, die Ihrem Körper helfen, besser mit Stress umzugehen.
- **Adjuvans:** Etwas, das die Wirkung eines Heilmittels unterstützt und verstärkt.
- **Amöbizid:** Pflanzen, die Krankheiten durch Amöben (eine Parasitenart) heilen.
- **Anabolikum:** Alles, was gesundes Gewebewachstum stimuliert.
- **Analeptikum:** Jede Substanz, die das Nervensystem stimuliert und die normale Funktion wiederherstellt.
- **Analgetikum:** Jede Substanz, die Schmerzen lindert.
- **Anaphrodisiakum:** Jede Substanz, die sexuelles Verlangen und Erregung reduziert.
- **Anästhetikum:** Jede Substanz, die Taubheit oder völligen Gefühlsverlust verursacht.
- **Antazidum:** Jede Substanz, die Magensäure neutralisiert.
- **Antibakteriell:** Jede Substanz, die die Ausbreitung von Bakterien hemmt.
- **Antikarzinogen:** Jede Substanz, die Krebsrisiko überprüft oder verringert.
- **Antidepressivum:** Jede Substanz, die Depression behandelt oder lindert.
- **Antidiabetikum:** Jede Substanz, die Diabetes managt und die Insulinverwertung unterstützt.

- **Antidiarrhoikum:** Jede Substanz, die Durchfall hemmt oder behandelt.
- **Antiemetikum:** Jede Substanz, die Erbrechen und Übelkeit stoppt.
- **Antiepileptikum:** Jede Substanz, die Epilepsiesymptome lindert und Anfälle stoppt.
- **Antimykotikum:** Jede Substanz, die Pilze abtötet.
- **Antihämorrhagikum:** Jede Substanz, die Blutungen kontrolliert und stoppt.
- **Entzündungshemmend:** Jede Substanz, die innere und äußere Entzündungen reguliert, reduziert und verhindert.
- **Antimalariamittel:** Jede Substanz, die Malaria behandelt oder vorbeugt.
- **Antimikrobiell:** Jede Substanz, die Mikroben abtötet.
- **Antioxidans:** Jede Substanz, die Oxidation verzögert oder hemmt.
- **Antiparasitikum:** Jede Substanz, die Parasiten abtötet oder Parasitenkrankheiten behandelt.
- **Antipruriginosum:** Jede Substanz, die Juckreiz stoppt.
- **Fiebersenkend:** Jede Substanz, die Fieber senkt und Schwitzen induziert.
- **Antirheumatikum:** Jede Substanz, die rheumatische Schmerzen behandelt und lindert.
- **Antiskorbutikum:** Jede Substanz, die Skorbut (Vitamin-C-Mangel) umkehrt.
- **Antiseptikum:** Jede Substanz, die Fäulnis hemmt, Eiter entfernt und Mikroorganismen abtötet.
- **Antispasmodikum:** Jede Substanz, die das Nervensystem beruhigt und Muskelkrämpfe reduziert.
- **Antitussivum:** Jede Substanz, die Husten kontrolliert und lindert.
- **Antiulkusmittel:** Jede Substanz, die die Bildung von Geschwüren verhindert.
- **Antivenin:** Jede Substanz, die die Wirkung von Tiergiften hemmt.
- **Antiviral**: Jede Substanz, die Viren bekämpft.
- **Antizymotikum**: Jede Substanz, die Gärung oder Zersetzung hemmt.
- **Anxiolytikum**: Jede Substanz, die Angstsymptome verringert.
- **Aperitivum**: Jede Substanz, die als mildes Abführmittel wirkt.
- **Aphrodisiakum**: Jede Substanz, die sexuelle Erregung stimuliert.

- **Aromatherapie**: Jede Praxis, die ätherische Öle verwendet.
- **Aromatisch**: Jede Pflanze, die wohlriechende, konzentrierte Öle enthält.
- **Asepsis**: Keimfreiheit und Freiheit von Keimen.
- **Adstringens**: Jede Substanz, die Kontraktionen in Haut, Blutgefäßen und Geweben verursacht.
- **Aquaretikum**: Jede Substanz, die die Harnproduktion ohne Elektrolytverlust steigert.
- **Bronchialmittel**: Jede Substanz, die die Atmung verbessert, indem sie die Atemwege und Lungenkrämpfe entspannt.
- **Sedativum**: Jede Substanz mit beruhigenden Eigenschaften.
- **Karzinostatikum**: Jede Substanz, die das Wachstum bösartiger Tumore und Krebs stoppt.
- **Kardiotonikum**: Jede Substanz, die die Herzfunktion verbessert.
- **Karminativum**: Jede Substanz, die Gase aus dem Körper entfernt.
- **Ätzend**: Hochsäurehaltige Kräuter, die Gewebeschäden verursachen können.
- **Zephalikum**: Alles, was mit dem Kopf und seinen Krankheiten zusammenhängt.
- **Zikatrizans**: Jede Substanz, die die Wundheilung und Narbengewebserholung beschleunigt.
- **Gegenirritans**: Jede Substanz, die eine Entzündungsreaktion auslöst.
- **Abschwellend**: Jede Substanz, die Stauungen lindert.
- **Demulzens**: Jede Substanz, die entzündete oder wunde Schleimhäute schützt.
- **Blutreinigend**: Jede Substanz, die das Blut reinigt.
- **Dermatitis**: Eine entzündliche Hauterkrankung, die durch Rötung und Juckreiz gekennzeichnet ist.
- **Verdauungsfördernd**: Jede Substanz, die die Verdauung verbessert und unterstützt.
- **Desinfektionsmittel**: Jede Substanz, die Keime und pathogene Mikroben abtötet.
- **Diuretikum**: Jede Substanz, die die Harnproduktion und -ausscheidung anregt.
- **Ekolytikum**: Jede Substanz, die die Wehen verstärkt.

- **Emetikum**: Jede Substanz, die Erbrechen stimuliert und den Magen entleert.
- **Emmenagogum**: Jede Substanz, die die normale Menstruation wiederherstellt.
- **Erweichend**: Jede Substanz, die die Haut umhüllt und erweicht.
- **Niesreizmittel**: Jede Substanz, die Niesen auslöst.
- **Ätzmittel**: Jede Substanz, die Gewebetod und -abstoßung verursacht.
- **Euphoriens**: Jede Substanz, die vorübergehende Euphorie auslöst (potenziell suchterzeugend).
- **Expektorans**: Jede Substanz, die Schleim aus Lunge und Atemwegen entfernt.
- **Desinfektionsmittel**: Jede Substanz, die Keime abtötet.
- **Hämostatikum**: Jede Substanz, die Blutungen stoppt und das Blut reinigt.
- **Hepatikum**: Jede Substanz, die die Leberfunktion verbessert.
- **Hypoglykämikum**: Jede Substanz, die den Blutzucker senkt.
- **Abführmittel**: Jede Substanz, die die Darmentleerung fördert.
- **Lithotriptikum**: Jede Substanz, die Nieren- und Blasensteine auflöst.
- **Mastikatorikum**: Jede Substanz, die beim Kauen die Speichelproduktion anregt.
- **Narkotikum**: Jede Substanz, die Schmerzen lindert und/oder Schläfrigkeit verursacht (potenziell suchterzeugend).
- **Nervinum**: Jede Substanz, die die Nerven entspannt.
- **Nootropikum**: Jede Substanz, die kognitive Funktionen steigert, die Konzentration verbessert und das Erinnerungsvermögen wiederherstellt.
- **Muskelrelaxans**: Jede Substanz, die die Muskeln entspannt.
- **Sedativum**: Jede Substanz, die Schlaf induziert.
- **Spasmogen**: Jede Substanz, die wiederholte Muskelkontraktionen hervorruft.
- **Stimulans**: Jede Substanz, die die Funktion eines Körperteils oder Organs vorübergehend verstärkt.
- **Tonikum**: Jede Flüssigkeit, die den Körper stärkt und heilt.
- **Topikum**: Alles, was äußerlich auf die Hautoberfläche aufgetragen wird.
- **Vermizid**: Jede Substanz, die Darmwürmer abtötet.

Kräuterindex nach Symptomen

- **Akne**: Neem, Aloe Vera, Teebaum, Hamamelis, Kurkuma, Echinacea.
- **Angst**: Kamille, Lavendel, Zitronenmelisse, Baldrian, Passionsblume, Ashwagandha.
- **Arthritis**: Katzentanzele, Ingwer, Eukalyptus, Weidenrinde, Teufelskralle.
- **Asthma**: Oregano, Ginseng, Süßholzwurzel, Knoblauch, Weihrauch.
- **Mundgeruch:** Pfefferminze, Petersilie, Kardamom, Rosmarin, Thymian.
- **Bakterielle Infektionen:** Kanadische Orangenwurzel, Echinacea, Thymian, Oregano, Eukalyptus, Knoblauch, Meerrettich, Grapefruitkernextrakt, Gewürznelken, Salbei.
- **Blasenentzündungen:** Löwenzahn, Bärentraubenblätter, Hibiskus, Cranberry, Knoblauch.
- **Blähungen**: Fenchel, Ingwer, Pfefferminze, Kurkuma, Anis, Koriander, Kümmel.
- **Verbrennungen**: Aloe Vera, Ringelblume, Mädesüß, Spitzwegerich, Kava-Kava, Beinwell.
- **Krebsprävention:** Kurkuma, Grüner Tee, Knoblauch, Ingwer, Minze, Thymian, Cayennepfeffer
- **Aphthen:** Kamille, Süßholzwurzel, Kurkuma.
- **Herz-Kreislauf-Gesundheit:** Zimt, Knoblauch, Ginkgo, Basilikum.
- **Cellulite**: Gotu Kola, Rosskastanie, Ginkgo Biloba.
- **Herpesbläschen:** Zitronenmelisse, Süßholzwurzel, Pfefferminze, Ingwer.
- **Erkältung und Grippe:** Echinacea, Holunder, Knoblauch, Ingwer, Eukalyptus, Pfefferminze.
- **Verstopfung**: Sennesblätter, Rhabarber, Fenchel, Ulmenrinde, Süßholzwurzel, Löwenzahnwurzel, Ingwer.
- **Husten**: Thymian, Kamille, Süßholzwurzel, Ulmenrinde, Ingwer, Pfefferminze.
- **Depression**: Johanniskraut, Breitblattfeige, Seibaum.
- **Diabetes**: Zimt, Bittergurke, Mariendistel, Gurmar, Aloe Vera, Bockshornklee.

- **Durchfall**: Kanadische Orangenwurzel, Fenchel, Kamille, Zimt, Ingwer.
- **Ekzem**: Ringelblume, Kamille, Beinwell, Süßholzwurzel, Aloe Vera.
- **Ödeme**: Schwarzkümmel, Koriander, Weißdorn, Löwenzahn, Goldrute, Petersilie, Ingwer.
- **Müdigkeit**: Ginseng, Salbei, Maca, Pfefferminze, Rosenwurz.
- **Fieber**: Schafgarbe, Weidenrinde, Holunder, Mädesüß, Kudzu-Wurzel.
- **Gallensteine**: Löwenzahn, Mariendistel, Goldmünzengras, Klettenwurzel.
- **Zahnfleischentzündung**: Echinacea, Kanadische Orangenwurzel, Minze, Salbei, Teebaum, Gewürznelken, Myrrhe, Neem.
- **Kopfschmerzen**: Mutterkraut, Pfefferminze, Ingwer, Kamille, Lavendel, Johanniskraut.
- **Sodbrennen**: Katzenminze, Kümmel, Ingwer, Süßholzwurzel, Fenchel, Ulmenrinde.
- **Bluthochdruck:** Schwarzkümmel, Ginseng, Basilikum, Knoblauch, Hibiskus, Safran.
- **Hoher Cholesterinspiegel:** Weißdorn, Tragant, Bockshornklee, Schafgarbe, Artischocke.
- **Immunstärkung:** Echinacea, Knoblauch, Tragant, Holunder, Engelwurzel, Kurkuma.
- **Entzündungen**: Kurkuma, Ingwer, Schwarzer Pfeffer, Kardamom, Rosmarin, Zimt, Grüner Tee.
- **Schlaflosigkeit**: Baldrian, Lavendel, Kamille, Kalifornischer Mohn, Passionsblume.
- **Reizdarmsyndrom:** Pfefferminze, Ulmenrinde, Ingwer.
- **Leberunterstützung:** Mariendistel, Ginseng, Süßholzwurzel, Löwenzahn, Kurkuma.
- **Wechseljahre**: Traubensilberkerze, Rotklee, Ginseng, Engelwurz, Maca.
- **Menstruationskrämpfe:** Pfefferminze, Zimt, Himbeerblätter, Kamille, Fenchel.
- **Nervenschmerzen:** Johanniskraut, Eukalyptus, Cannabis.
- **Übelkeit**: Ingwer, Pfefferminze, Zimt, Fenchel, Süßholzwurzel.
- **Schuppenflechte**: Aloe Vera, Birkenteer, Mahonie.

- **Atemwegsinfektionen:** Königskerze, Ingwer, Knoblauch, Holunder, Süßholzwurzel, Eukalyptus.
- **Gewichtsverlust:** Grüner Tee, Ingwer, Knoblauch, Cayennepfeffer, Ginseng, Rhabarberwurzel, Flohsamenschalen, Mate-Tee, Schwarzer Pfeffer.

Maßeinheiten-Umrechnung

- 1 Teelöffel (TL)= 5 ml
- 1 Esslöffel (EL)= 3 Teelöffel= 15 ml
- 1 Flüssigunze (fl oz)= 2 Esslöffel= 6 Teelöffel= 30 ml
- 1 Tasse= 16 Esslöffel= 240 ml
- ¼ Tasse= 4 Esslöffel
- ⅓ Tasse= 5 Esslöffel + 1 Teelöffel
- ½ Tasse= 8 Esslöffel
- ⅔ Tasse= 10 Esslöffel + 2 Teelöffel
- ¾ Tasse= 12 Esslöffel
- 1 Pint (pt)= 2 Tassen= 473 ml
- 1 Quart (qt)= 4 Tassen= 946 ml
- 1 Gallone (gal)= 4 Quart= 3,785 l
- 1 Unze (oz)= 28 Gramm (g)
- 1 Pfund (lb)= 16 oz= 454 g

REFERENZEN

Burgard, D. (25. April 2014). *8 Arten von Gartenbehältern und ihre Vor- und Nachteile*. FineGardening. https://www.finegardening.com/project-guides/container-gardening/container-materials

Copeland, B. (2015). *14 Bastelideen mit Ihren Lieblingsblumen*. Martha Stewart. https://www.marthastewart.com/crafts-with-flowers-7501051

Covington, L. (15. Juni 2024). *Hören Sie auf, Kräuter zu verschwenden – hier sind die besten Methoden, sie zu trocknen*. The Spruce Eats. https://www.thespruceeats.com/harvesting-and-drying-leafy-herbs-1327541

Cunningfolk, Alexis. J. (10. Dezember 2024). *Worts & Cunning Apotheke | Intersektionale Kräuterkunde + magische Kunst*. Worts & Cunning Apothecary | Intersectional Herbalism + Magickal Arts. https://www.wortsandcunning.com/blog/my-favorite-travel-herbs

Goddess Elite Blogs. (21. Mai 2024). *Kräuterbäder und Rituale zur Reinigung und zum Schutz | Goddess Elite*. Goddess Elite | New Age Gifts | Metaphysical Shop. https://goddesselite.com/herbal-baths-and-rituals-for-cleansing-and-protection/?srsltid=AfmBOoosp75ibbzc2K5d48rrybvBn8d9fk76H3FIyJQTNRv0wM6JGs3d

Hussain, S. M., Syeda, A. F., Alshammari, M., Alnasser, S., Alenzi, N. D., Alanazi, S. T., & Nandakumar, K. (2022). Kognitionssteigernde Wirkung von Rosmarin (Rosmarinus officinalis L.) in Tierversuchen: eine systematische Überprüfung und Metaanalyse. *Brasilianisches Journal für medizinische und biologische Forschung, 55*. https://doi.org/10.1590/1414-431X2021e11593

Julia. (22. August 2022). *Wie Sie die besten Grundlagen für die Apotheke und Werkzeuge für Kräuterkundige auswählen.* A Farm to Keep. https://afarmtokeep.com/apothecary-basics-and-herbalist-tools-for-every-home/

Kalia Kelmenson. (11. Oktober 2021). *Die spirituelle Bedeutung der Mondphasen | Spirituality+Health.* Spirituality+Health. https://www.spiritualityhealth.com/the-spiritual-meaning-of-moon-phases?srsltid=AfmBOoqZkfSZpstLjCbhz8czy-i7cteg_cYZ2X7qTs0rvXrsWzcrilLN

Kolle, R. (März 2024). *Die Hierarchie der Bezugsquellen von Kräutern für die Herstellung von Medizin Mother Hylde.* Mother Hylde. https://motherhylde.com/the-hierarchy-of-sourcing-herbs-for-making-medicine/

Prasain, J. K., Carlson, S. H., & Wyss, J. M. (2010). Flavonoide und altersbedingte Krankheiten: Risiken, Vorteile und kritische Zeitfenster. *Maturitas, 66*(2), 163–171. https://doi.org/10.1016/j.maturitas.2010.01.010

Rose, K. (9. Mai 2018). *Einrichtung Ihrer hauseigenen Kräuterapotheke.* Blog.mountainroseherbs.com. https://blog.mountainroseherbs.com/creating-your-home-herbal-apothecary

Talerico, D. (24. August 2022). *11 beste Trägeröle für Hautpflege, Salben und Extrakte.* Homestead and Chill. https://homesteadandchill.com/best-carrier-oils-skin-salves-infusions/?srsltid=AfmBOooYwxtMEqBwKVqpI_TGCbKbzSPD7dpByIFQ7b4cHMjuDUGINYV8

Tinktur vs. Extrakt: Was ist der Unterschied? (2024). Khroma Herbal Products. https://www.khromaherbs.com/blogs/news/tincture-vs-extract?srsltid=AfmBOoq0TO7T8VQTcDKp_CEXTYFNc5LM4NYAU7lycULY7JHLSiXnsK9y

Visser, M. (27. August 2018). *Was jeder Kräuterkundige über die Haltbarkeit von Kräuterzubereitungen wissen sollte.* Herbal Academy.

https://theherbalacademy.com/blog/herbal-preparation-shelf-life/?srsltid=AfmBOopi3dkzKncbP6yM6fLePaboyKsHxuQKy7-SegGnD8c-MoQMqg8-

www.ingramcontent.com/pod-product-compliance
Lightning Source LLC
LaVergne TN
LVHW081404110826
845149LV00010B/1656
* 9 7 8 1 9 7 2 6 5 9 1 3 7 *